Nadine Budde

Abi last minute Deutsch

Prosa, Drama, Lyrik

Schnell auffrischen, was wichtig ist

Klett Lerntraining

Nadine Budde ist Gymnasiallehrerin für die Fächer Deutsch, Geschichte und katholische Religion in Stuttgart.

BILDNACHWEIS
S. 118: © Scharwel, Sandra Strauß

Bibliografische Information der Deutschen Bibliothek
Die Deutsche Bibliothek verzeichnet diese Publikation in der Deutschen Nationalbibliografie; detaillierte bibliografische Daten sind im Internet über http://dnb.dnb.de abrufbar.

1. Auflage 2016
Dieses Werk folgt der neuesten Rechtschreibung und Zeichensetzung.

www.klett-lerntraining.de
Teamleitung Lernhilfen Sekundarstufe II: Christine Sämann
Konzeption: Sandra Meyer
Redaktion: Elke Hufnagel, Berlin
Projektsteuerung: Dr. Andreas Cyffka
Innenlayout: Annette Siegel, Stuttgart
Umschlaggestaltung: Sabine Kaufmann, Stuttgart
Umschlagfoto: Thinkstock, München (Ablestock.com)
Satz: tebitron gmbh, Gerlingen
Druck: Medienhaus Plump GmbH, Rheinbreitbach
Printed in Germany.

ISBN 3-12-949316-8

Prosa

1 Form, Komposition, Figuren

2 Epische Gattungen und Formen

Drama

1 Wichtige Begriffe im Überblick

2 Handlung, Sprache, Figuren

3 Dramatische Gattungen und Formen

Lyrik

1 Form und Sprache

2 Lyrische Gattungen und Formen

Kommunikation

1 Sprache und Kommunikation

2 Besondere Formen der Kommunikation

3 Medien und Kommunikation

Aufsatz

1 Methoden

2 Interpretationen

3 Erörterungen

Liebe Schülerin, lieber Schüler,

sicherlich kennen Sie diese Situation: Es ist kurz vor der Klausur und die Zeit wird knapp. Sie schreiben sogar mehrere Klausuren innerhalb weniger Tage und können unmöglich nochmals Ihre kompletten Mitschriften oder das Schulbuch durcharbeiten. Vielleicht stellen Sie auch fest, dass Ihre Mitschriften Lücken haben - und das ist so ziemlich das Letzte, was Sie last minute gebrauchen können!

Keine Sorge, mit Abi last minute – Deutsch Prosa, Drama, Lyrik sind Sie auf der sicheren Seite:

- In **150 prüfungsrelevanten Begriffen** wiederholen Sie kurz und knapp, was Sie in der Klausur bzw. der Abiturprüfung wissen müssen. 150 Lernbegriffe = 150 gut gepackte Wissenspakete für Ihren Weg zum Abitur.

- Die Begriffe sind thematisch zusammengefasst, sodass Sie ganz gezielt das Thema in Angriff nehmen können, das in der Klausur abgefragt wird.

- Vor dem Abitur können Sie natürlich das ganze Buch durcharbeiten und so optimal vorbereitet in die Prüfung gehen.

Abi last minute - kurz und knapp für kurz vor knapp!

Eine erfolgreiche Oberstufenzeit und alles Gute für die Abiturprüfung wünscht Ihnen

Ihre Redaktion Klett Lerntraining

Epik und Prosa (Merkmale)

Epik

- Epik ist neben Lyrik und Drama eine der drei grundlegenden Gattungen der Literatur. Epik ist der Sammelbegriff für erzählende Literatur.
- Gemeinsam ist allen epischen Texten, dass die Handlung durch einen vermittelnden Erzähler dargestellt wird.

Prosa

- Epische Texte waren früher in Versen verfasst, sind heute aber in Prosa geschrieben. Dies meint, dass sie in ungebundener, freier Sprache geschrieben, also nicht durch Versmaß und Reim gekennzeichnet sind.
- Prosa ist die Form der Alltagssprache und -schrift. Sie kommt in Reden, Gesprächen, Briefen oder Sachtexten vor, aber auch in der fiktionalen Literatur, z. B. in Romanen, Novellen oder Erzählungen.
- Im deutschen Sprachraum ist Prosa in der Literatur erst seit dem Barock üblich. Eine wichtige Stellung nimmt hierbei Grimmelshausens „Der abenteuerliche Simplicissimus Teutsch" (1668) ein.
- Im 18. Jahrhundert findet die Prosa auch in die Dramatik Eingang und hat sich dort seit dem 19. Jahrhundert etabliert.
- Seit der Romantik wird auch Lyrik manchmal in ungebundener Sprache verfasst. Dies bleibt jedoch die Ausnahme.

Autor und Erzähler

- Autor und Erzähler sind nicht identisch.
- Der Autor ist eine reale Person. Der Autor erzählt nicht!
- Der Erzähler ist eine fiktive Figur innerhalb des Textes. Ein erwachsener Autor kann als Erzähler ein Kind wählen. Eine weibliche Autorin kann einen Mann erzählen lassen.
- Der Autor gestaltet die Erzählerfigur bewusst: Erzählform, Erzählverhalten und die Perspektive des Erzählers.
- Der Erzähler vermittelt nicht nur zwischen dem Geschehen und den Lesern, er ist selbst Teil der erzählten Welt. Der Erzähler kann auch eine der handelnden Figuren sein.

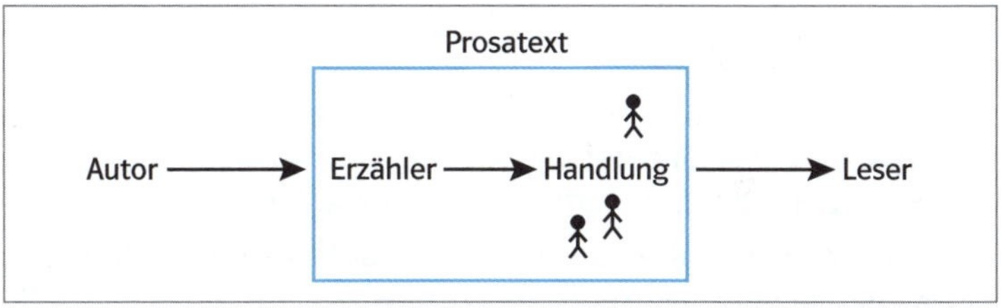

- Der unzuverlässige Erzähler: Der Erzähler kann vom Autor auch bewusst so gestaltet sein, dass der Leser seinen Aussagen nicht trauen kann, z. B. weil er selbst schuldhaft in das Geschehen verstrickt ist. Beispiel: Günter Grass, „Katz und Maus" (1961)

Erzählform

- Der Ich-Erzähler
  - Der Ich-Erzähler erlebt und erzählt. Er ist Teil der erzählten Welt, in die Geschichte verwickelt und kann seine Eigenheiten und eigene Ansichten haben. Der Ich-Erzähler ist deshalb immer für den Leser erkennbar, sein Erzählverhalten kann nicht neutral sein.
  - Der Leser kann sich gut mit dem Ich-Erzähler identifizieren, weil er seine persönliche Sichtweise vertritt.
  - Der Ich-Erzähler hat üblicherweise auf andere Figuren der erzählten Welt nur die Außen-, nicht aber die Innensicht.
  - Der Ich-Erzähler kann mit einem zeitlichen Abstand erzählen, so dass sich inzwischen vielleicht auch seine Einschätzung des Erlebten verändert hat.
  - Beispiel: Günter Grass, „Die Blechtrommel" (1959)

- Der Er-/Sie-Erzähler
  - Der Er-/Sie-Erzähler beschreibt die Erlebnisse anderer Figuren. Er kann außerhalb des Geschehens stehen, aber auch aus der Sicht einer der beteiligten Figuren erzählen.
  - Das Erzählverhalten des Er-/Sie- Erzählers kann auktorial, personal oder neutral angelegt sein.
  - Im Gegensatz zum Ich-Erzähler kann der Er-/Sie-Erzähler das Geschehen aus unterschiedlichen Blickwinkeln darstellen und die Perspektive wechseln.
  - Beispiel: Thomas Mann, „Der Zauberberg" (1924)

Erzählverhalten

- Der auktoriale Erzähler
  - Der auktoriale Erzähler überblickt das Geschehen von einem Standpunkt außerhalb der erzählten Welt.
  - Er ist allwissend, kennt Vergangenheit und Zukunft und kann deshalb Rückblenden und Vorausdeutungen einfügen.
  - Er kann den Leser durch Kommentare oder eigene Bewertungen beeinflussen. Er kann Probleme erörtern, die sich im Verlauf der Handlung ergeben. Er kann den Leser sogar direkt ansprechen.

- Der personale Erzähler
  - Der personale Erzähler erzählt aus der Perspektive einer Figur, er kann aber auch die Figur wechseln und so mehrere Sichtweisen darstellen. Er vermittelt nicht wie der auktoriale Erzähler zwischen Autor und Leser.
  - Der Leser fühlt sich durch den personalen Erzähler im Idealfall als Teil des Geschehens (Eindruck der Unmittelbarkeit). Dazu trägt auch bei, dass Gespräche üblicherweise in direkter Rede wiedergegeben werden.

- Der neutrale Erzähler
  - Der neutrale Erzähler beschreibt das Geschehen nüchtern und distanziert. Der Leser erfährt nichts über die Einstellung und die Meinung des Erzählers.

Perspektive und Sichtweise des Erzählers

Außen- und Innenperspektive (Point of View)

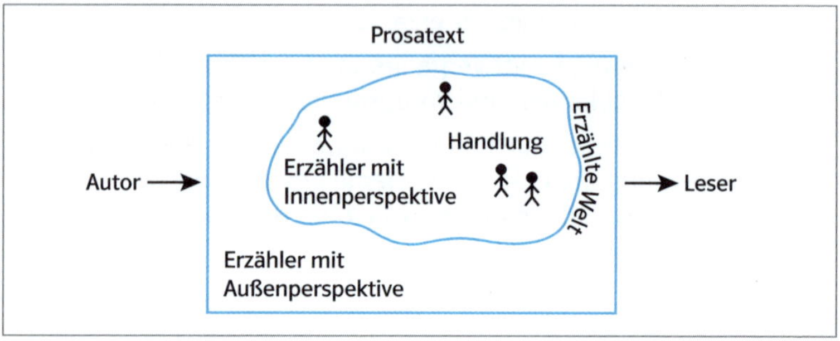

- Wenn der Standort des Erzählers außerhalb der erzählten Welt liegt, nimmt er die sogenannte **Außenperspektive** ein. Meist fällt diese Perspektive mit dem auktorialen Erzählverhalten zusammen.

- Wenn der Standort des Erzählers innerhalb der erzählten Welt liegt, nimmt er die sogenannte **Innenperspektive** ein. Er sieht dann nur, was auch eine am Geschehen beteiligte Figur sieht. Deshalb kann er üblicherweise nichts über das Innenleben anderer Figuren aussagen.

Außen- und Innensicht

- Ein Erzähler hat normalerweise immer die **Außensicht**, kann also wiedergeben, was wahrnehmbar ist (also z. B. Gespräche, Gestik, Mimik), und daraus auf das Innenleben anderer Figuren schließen.

- Manchmal hat ein Erzähler auch die **Innensicht**. Er hat dann direkten Zugriff auf die Gefühle und Gedanken einer oder mehrerer Figuren.

Erzählerbericht

- Jeder epische Text besteht aus den beiden Elementen Erzählerbericht und Figurenrede.

- Im Erzählerbericht vermittelt der Erzähler die erzählte Welt, ohne dass die Figuren selbst zu Wort kommen. Die Handlung bzw. das Geschehen wird üblicherweise zeitraffend und im Präteritum wiedergegeben.

- Grundformen des Erzählerberichts
  - Bericht: Der Erzähler informiert knapp über das Geschehen, ordnet es manchmal auch ein.
  - Szenische Darstellung: Der Erzähler beschreibt das Geschehen ausführlich und zeitdeckend. Häufig fließt Figurenrede ein.
  - Beschreibung: Der Erzähler beschreibt in einer Erzählpause, in der die Handlung unterbrochen wird, die Figuren oder das Geschehen ausführlich.
  - Erzählerkommentar: Der (auktoriale) Erzähler nimmt in einer Erzählpause Stellung zum Erzählten. Er kann ein Problem erörtern oder in einem Exkurs über das Geschehen hinausführen.

Figurenrede (direkte, erlebte, indirekte Rede)

Direkte Rede

- Die direkte Rede wird oft durch Begleitsatz, Doppelpunkt und Anführungszeichen eingeleitet (Beispiel: Matthias fragte: „Soll ich auf diese Nachricht überhaupt antworten?“).
- Die äußere Form der direkten Rede entspricht einer kurzen Dramenszene (Dialogform).

Erlebte Rede

- Bei der erlebten Rede ist der Erzähler erkennbar: Indikativ, 3. Person, Präteritum (Beispiel: Sollte Matthias auf diese Nachricht überhaupt antworten?).
- Der Erzähler übernimmt die Innenperspektive der Figur, wodurch er Distanz und Neutralität verliert.
- Die erlebte Rede unterscheidet sich dadurch vom Erzählerbericht, dass sie (durch Umwandlung der 3. Person, Präteritum in die 1. Person, Präsens) in die direkte Rede umformuliert werden kann.

Indirekte Rede

- Die indirekte Rede ist meist in einem Nebensatz im Konjunktiv formuliert. (Beispiel: Matthias fragte, ob er auf diese Nachricht überhaupt antworten solle.).

Figurenrede
(innerer Monolog, Stream of Consciousness)

Innerer Monolog

- Inhalt: assoziative Folge von Wahrnehmungen, Reflexionen und Gefühlen – aber keine Handlung
- Form: 1. Person Singular, Präsens, keine Anführungszeichen, keine Redeeinleitung (er/sie dachte)
- Sprache: Syntax der gesprochenen Sprache, häufig unverbundene Sätze, kaum gliedernde Konjunktionen, häufig Ellipsen, Gedankenstriche, Auslassungszeichen
- Die Figur spricht zu sich selbst, z. B. Wie soll ich mich nur verhalten? Welche Entscheidung ist die richtige?
- Beispiele: Arthur Schnitzler, „Leutnant Gustl" (1900); „Fräulein Else" (1924)

Stream of Consciousness

- Der Stream of Consciousness (Bewusstseinsstrom) gilt als Radikalisierung des inneren Monologs: Die Sprache ist noch verknappter, die Syntax noch gelockerter.
- Erfunden von Lew Nikolajewitsch Tolstoi für den Roman „Anna Karenina" (1877); bekanntes Beispiel: James Joyce, „Ulysses" (1922).

Handlung

- Die zusammenhängende Folge von Geschehnissen in einem epischen Werk. Synonyme Begriffe: Geschichte, Fabel oder Plot.

Haupthandlung

- Die Haupthandlung ist das Kernstück eines epischen Werkes. Ihr ist der Protagonisten zugeordnet.

Nebenhandlung

- Die Nebenhandlung (Episode) ist von der Haupthandlung abhängig. Sie kann die Haupthandlung spiegeln, also im Kleinen oder Großen wiederholen und so deuten. Oft soll in Episoden auch ein Kontrastbild zum Protagonisten oder zur Haupthandlung aufgebaut werden.
- Verbunden werden Haupt- und Nebenhandlung z. B. durch Leitmotive.

Äußere Handlung

- Die äußere Handlung bezeichnet das sinnlich wahrnehmbare Geschehen.

Innere Handlung

- Die innere Handlung bezeichnet die Vorgänge, die sich im Inneren der Figuren abspielen, wenn also z. B. eine Entscheidung getroffen wird oder ein Wandel in der Einstellung einer Figur stattfindet.

Motiv und Leitmotiv

Motiv

- Ein literarisches Motiv ist eine in sich abgeschlossene thematische Einheit, die Erzählungen strukturiert und gleichzeitig zu ihrer Deutung beiträgt.

- Beispiele für Motive
  - Situationsmotiv: Vater-Sohn-Konflikt, Heimkehr
  - Raum- und Zeitmotiv: Höhle, Ruine, Morgendämmerung, Geisterstunde

Leitmotiv

- Das Leitmotiv kann ein Handlungselement, ein sprachliches Bild oder eine Redewendung sein. Diese kehren in (annähernd) gleicher Formulierung mehrfach in einer Erzählung wieder und sind zumeist einer bestimmten Figur oder einem Gefühl zugeordnet.

- Es wirkt gliedernd und verbindend, weil auch Neues dem Leser vertraut vorkommt. Zudem können Leitmotive in der Vorausschau oder im Rückblick auf inhaltliche Zusammenhänge hinweisen.

- Thomas Mann arbeitet in seinen Werken oft mit Leitmotiven, etwa in seiner Novelle „Tod in Venedig“ (1913):
  - Todesboten: Wanderer am Münchner Nordfriedhof, Zahlmeister, Geck, Gondoliere, Gitarrist, Tadzio
  - Tod: Nordfriedhof, Gondel, Sanduhr
  - Farbe Rot als Farbe der Leidenschaft und der Ungezügeltheit

Symbol und Dingsymbol

Symbol

- Sinnlich wahrnehmbares Zeichen, das für etwas nicht Wahrnehmbares eingesetzt wird. Die Taube ist z. B. ein Symbol für Frieden, das Herz für die Liebe. Ein Symbol wird nur richtig gedeutet, wenn die passende Bedeutung auf der Hand liegt, z. B. weil man in einem bestimmten Kulturkreis aufgewachsen ist.

- Synonym verwendet wird auch der Begriff „Sinnbild".

Dingsymbol

- Bedeutsames „Ding", das mehrfach an zentralen Stellen eines literarischen Textes auftaucht, z. B. die Buche in der Erzählung „Die Judenbuche" (1842) von Annette Droste-Hülshoff. „Dinge" können z. B. auch Tiere sein wie die zwei Rappen in Heinrich von Kleists Novelle „Michael Kohlhaas" (1810).

- Falkentheorie: Der deutsche Schriftsteller Paul Heyse formulierte 1871 in der Einleitung zum „Neuen Deutschen Novellenschatz" die These, dass jede Novelle einen „Falken", also ein Dingsymbol (wie in Boccaccios Falkennovelle) brauche.

Montage

- Ursprünglich stammt der Begriff aus der Filmkunst: Verknüpfung mehrerer Einstellungen durch Schnitt oder Ein-, Über- oder Rückblende. Da der Zuschauer die Einstellungen gedanklich verbindet und sich Assoziationen ergeben, entstehen neue Bedeutungen.

- Bedeutung des Begriffs in der Literatur: Texte und Textteile werden zusammengefügt, obwohl sie sich z. B. sprachlich oder inhaltlich stark unterscheiden.

- Folge der Montage: Die chronologische Abfolge wird aufgelockert (z. B. durch Rückblenden, Überblendungen oder szenische Gleichzeitigkeit); Zeitebenen und Handlungsstränge können parallel dargestellt werden und das Erzählte kann aus unterschiedlichen Blickwinkeln beleuchtet werden.

- Der Autor kann so den Leser überraschen, ihn provozieren und Assoziationen hervorrufen. Vor allem im modernen Roman ist die Montage ein Versuch, die immer komplexer gewordene Lebenswelt angemessen darzustellen.

- Synonym verwendet wird der Begriff „Collage".

- Beispiel: Alfred Döblin, „Berlin Alexanderplatz" (1929)

- Die Montage ist auch in der Lyrik (Gottfried Benn, Hans Magnus Enzensberger) und im Drama (Peter Weiss, „Die Verfolgung und Ermordung Jean Paul Marats", 1964) möglich.

Anfang und Ende

- Anfang und Ende eines erzählenden Textes sind wichtig für die Interpretation, weil der Erzähler hier die Zeitstruktur anlegt.
- Ein Prosatext kann mit einem Vorwort, also einer einleitenden Anmerkung beginnen, die z. B. über die Entstehung des Textes informiert.
- Es kann vom Beginn der Geschichte an („ab ovo") erzählt werden. Meist folgt die übrige Erzählung dann auch der Chronologie der Ereignisse.
- Die Geschichte kann mitten im Geschehen („in medias res") beginnen. Vorausliegende Ereignisse werden z. B. durch Rückblenden nachgeholt.
- Die Geschichte kann vom Ende her („in ultimas res") erzählt werden. Der Ursprung des Geschehens wird im Laufe der Erzählung enthüllt, was man analytisches Erzählen nennt.
- Im Gegensatz zum geschlossenen Ende gibt es ein offenes Ende. Das offene Ende ist für den Leser eine Herausforderung, weil es oft mehrdeutig ist und keine Antworten bereithält. Es können auch unterschiedliche Enden angeboten werden, oder der Schluss verweist auf den Anfang.
- Im Gegensatz zum erwarteten Ende kann es ein überraschendes Ende geben. Eine nicht absehbare Wende kann durch eine bis dahin noch nicht in Erscheinung getretene Figur oder ein völlig unerwartetes Ereignis („deus ex machina") hervorgerufen werden.

Lineares und nicht lineares Erzählen

Lineares oder kontinuierliches Erzählen

- Einhalten der Chronologie, Verzicht auf Rückblenden, Vorausschau oder Auslassungen

Nicht lineares oder diskontinuierliches Erzählen

- Die Chronologie wird bewusst nicht eingehalten, meist um die Spannung zu steigern.

- Rückblende: Bereits Zurückliegendes wird erzählt. Möglich sind Rückblenden an vielen Stellen der Erzählung, z. B. als Einstieg in die Erzählung, aber z. B. auch, wenn Protagonisten sich im Verlauf der Erzählung erinnern. Vor allem in Detektivromanen werden durch Rückblenden am Ende bisher im Dunklen gebliebene Zusammenhänge ans Licht gebracht.

- Vorausschau: Die Vorausschau ist ein Hinweis des (auktorialen) Erzählers auf später folgendes Geschehen, was die Spannung erhöhen kann. Vorausdeutungen lenken den Fokus der Leser so, dass sie den roten Faden der Erzählung behalten. Häufig im Konjunktiv verfasst: „Diese Worte würden ihr noch lange im Gedächtnis bleiben."

- Auslassung: Die Auslassung von Ereignissen wirkt zeitraffend.

- Achronie: Die Chronologie der Ereignisse lässt sich nicht rekonstruieren. Diese Form des diskontinuierlichen Erzählens ist typisch für postmoderne Texte.

Erzählzeit und erzählte Zeit

- Die Erzählzeit ist die Bezeichnung für die tatsächliche Zeitspanne des Lesens oder Hörens eines Erzähltextes.

- Die erzählte Zeit ist die Zeitspanne, die die Dauer der erzählten Begebenheiten in einem Erzähltext umfasst, z. B. beträgt die erzählte Zeit in Hermann Hesse „Unterm Rad“ (1906) etwa eineinhalb Jahre.

- Diese Begriffe sind dann relevant, wenn sie miteinander in Verbindung gesetzt werden.
  - Zeitraffung: Erzählte Zeit ist größer als die Erzählzeit. Es können Begebenheiten ausgespart oder regelmäßige Vorgänge bzw. längere Zeiträume zusammengefasst werden.
  - Zeitdehnung: Erzählzeit ist größer als die erzählte Zeit, wenn z. B. die Gefühle einer Figur während des ersten Kusses sehr ausführlich beschrieben werden.
  - Zeitdeckung: Erzählzeit und erzählte Zeit sind nahezu identisch (z. B. bei szenischer Darstellung).

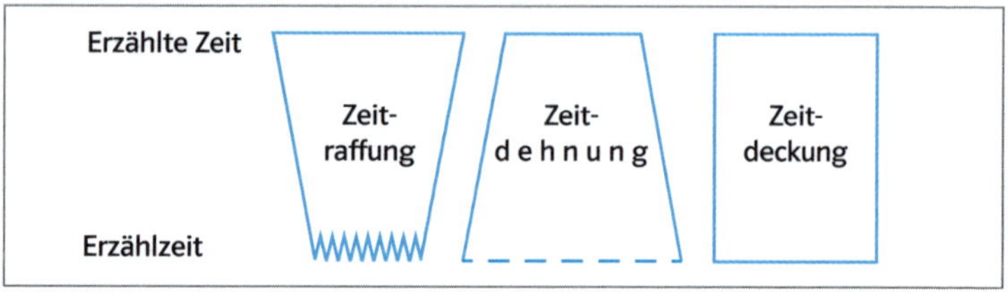

- Das Verhältnis von Erzählzeit und erzählter Zeit bestimmt das sogenannte Erzähltempo eines Prosatextes. Beispielsweise kann ein hohes Erzähltempo (Zeitraffung) in ein langsames (Zeitdehnung) übergehen.

Figurenkonzeption und Figurenkonstellation

Figurenkonzeption

- Eine Figur kann offen oder geschlossen angelegt sein: Überrascht die Figur durch ihr Verhalten, ist sie entwicklungsfähig, bleibt sie rätselhaft oder sind alle Handlungsweisen und Eigenschaften nachvollziehbar bzw. voraussehbar?
- Eine Figur kann dynamisch oder statisch angelegt sein: Durchläuft die Figur eine Entwicklung?
- Eine Figur kann abstrakt oder psychologisch angelegt sein: Ist die Figur sehr einfach gehalten oder bekommt der Leser Einblicke in das Bewusstsein der Figur?
- Eine Figur kann komplex oder typisiert angelegt sein: Ist die Figur individuell mit speziellen (sich auch widersprechenden) Merkmalen, Gefühlen, Vorlieben oder auf Stereotype festgelegt? Steht die Individualität im Vordergrund oder geht die Figur in ihrer Funktion für die Handlung auf?

Figurenkonstellation

- Die Figurenkonstellation stellt das Verhältnis von Figuren zueinander dar (Konflikt; einseitige, gestörte Beziehung, Protagonist, Antagonist).
- Konstellation kann grafisch dargestellt werden.
- Neben statischen Figurenkonstellationen gibt es dynamische, in denen sich das Verhältnis der Figuren zueinander entwickelt: Beispielsweise kann ein Konflikt gelöst werden, oder eine Liebesbeziehung kann sich in eine gestörte Beziehung verwandeln.

Figurencharakterisierung

Direkte Figurencharakterisierung

- Durch den Erzähler:
  - Kommentare des (auktorialen) Erzählers
  - Handlungen der Figur
  - Beziehungen zu anderen Figuren

- Durch die Figuren:
  - Die Aussagen einer anderen Figur charakterisieren die Figur. Diese können dabei mit der Figur oder in deren Abwesenheit sprechen.
  - Die Aussagen der Figur selbst charakterisieren sie, z. B. in einem inneren Monolog oder in einem Gespräch mit anderen Figuren.

- Da Erzähler, Figuren und die zu charakterisierende Figur selbst Aussagen machen, kann es zu Widersprüchen kommen, die der Leser bewerten muss.

Indirekte Figurencharakterisierung

- Durch den Erzähler:
  - Er stellt Kontrastfiguren oder gleichartige Figuren einander gegenüber.

- Durch die Figuren:
  - Charakteristische Redeweise wie z. B. Dialekt, Soziolekt (Ausdrucksweise einer sozialen Gruppe oder Schicht), Idiolekt (Ausdrucksweise, die typisch ist für eine bestimmte Person), elaboriertes Sprechen.

Anekdote

- Knappe Erzählung, die auf ein charakteristisches Element einer Person, eines Ereignisses oder einer Epoche hinweist.

- Die Anekdote endet mit einer Pointe.

- Der Begriff kommt aus dem Griechischen und bedeutet das „Unveröffentlichte". Anekdoten können also das sein, was man in der offiziellen Geschichtsschreibung aus vielfältigen Gründen nicht niedergeschrieben hat.

- Anekdoten sind oft mündlich weitergegeben und erst später gesammelt und aufgeschrieben worden. Ihre Urheber sind meist nicht bekannt und ihr Wahrheitswert ist zweifelhaft.

- Beispiel: Die französische Königin Marie Antoinette – Ehefrau von König Ludwig XVI. – soll kurz vor der Französischen Revolution über die Armen und Hungernden gesagt haben: „Dann sollen sie eben Brioche [Gebäck] essen."

- Beliebt wurden die Anekdoten Heinrich von Kleists. Um das Jahr 1810 veröffentlichte er einige seiner Werke in den „Berliner Abendblättern". Noch bekannter sind die Anekdoten Johann Peter Hebels aus seinem „Schatzkästlein des rheinischen Hausfreundes" (1811).

Fabel

- Kurzer, lehrhafter Prosatext, in dem nichtmenschliche Wesen personifiziert werden.
- Zumeist reden und handeln Tiere mit typisch menschlichen Verhaltensweisen. Es gibt einen Kanon von Tieren, denen bestimmte Charaktereigenschaften zugewiesen sind: Der Löwe ist stolz und mächtig. Der Fuchs ist schlau. Die Gans ist geschwätzig. Das Lamm ist schwach und gutgläubig. Der Hase ist ängstlich.
- Oft werden Tiere mit gegensätzlichen Charaktereigenschaften ausgewählt, was dann zu einem Konflikt führt. Der Spannungsbogen der Fabel verläuft wie in einem Drama bis zu einem Höhepunkt mit Wendepunkt und endet mit einer wirkungsvollen Pointe.
- In dem Geschehen kann man oft menschliches Verhalten und menschliche Konflikte wiedererkennen.
- Aus der Schlusspointe ergibt sich eine Lehre (Moral), die erschlossen werden muss oder oft auch explizit zu Beginn oder nach dem Ende der Fabel genannt wird.
- Eigentlich stammt die Fabel aus Indien und Arabien. Äsop, ein Sklave aus Phrygien (um 550 v. Chr.), schrieb die ersten Fabeln im europäischen Bereich. Im Mittelalter waren Fabeln gängige Schullektüre. Besonders beliebt wurden sie aufgrund ihres belehrenden Charakters während der Reformation und der Aufklärung.
- Bekannte Fabeldichter: Äsop (um 550 v. Chr.); Martin Luther (1459–1530); Jean de La Fontaine (1621–1695); Gotthold Ephraim Lessing (1729–1781)

Schwank

- Ursprünglich war ein Schwank eine kurze, volksnahe Erzählung, später wurde der Begriff für ein komödiantisches Theaterstück übernommen.
- Die Autoren sind meist unbekannt.
- Häufig treffen zwei Figuren, die als sehr unterschiedliche Typen angelegt sind, aufeinander (z. B. Pfarrer und Bauer, Herrin und Magd). Eine der beiden Parteien kann auch eine literarische Figur oder Gruppe sein (z. B. die Schildbürger, Till Eulenspiegel oder der Baron von Münchhausen). Diese Schwänke werden dann gern in Sammlungen veröffentlicht.
- Sprache: derb, umgangssprachlich, mundartlich
- Themen: heitere Scherze und Streiche, oft Alltagssituationen
- Komik entsteht häufig durch Situationskomik und Charakterkomik.
- Beispiele: Till Eulenspiegel, Die Schildbürger, Die Erzählungen des Barons von Münchhausen

Kalendergeschichte

- Kurzer Prosatext, der ab dem 16. Jahrhundert ursprünglich als unterhaltsamer Zusatz für Volkskalender geschrieben wurde.
- Volkskalender boten dem einfachen, oft bäuerlichen Volk Information über Wetterregeln, Tipps für die Haushaltsführung, Kochrezepte und allgemeine Lebensweisheiten. Kalendergeschichten waren dementsprechend nicht nur unterhaltsam, sondern sollten auch lehrhaften Charakter haben.
- Die Sprache der Kalendergeschichten war einfach gehalten.
- Die Geschichten handelten von ungewöhnlichen, verwunderlichen Begebenheiten im Leben einfacher Leute und endeten oft mit einer Pointe.
- Später wurden Kalendergeschichten auch unabhängig von den Volkskalendern veröffentlicht. Am bekanntesten sind die Kalendergeschichten von Johann Peter Hebel (1760–1826).
- Kalendergeschichten gibt es auch noch im 20. Jahrhundert. Bertolt Brecht hat seine „Kalendergeschichten" 1949 veröffentlicht.
- Beispiele: Johann Peter Hebel, „Kannitverstan" (1808); Bertolt Brecht, „Die unwürdige Greisin" (1939)

Kurzgeschichte

- Ursprung ist die amerikanischen Short Story (z. B. Ernest Hemingway, 1899–1961).

- Kurzgeschichten setzten sich in Deutschland erst nach 1945 durch: Zu Beginn gehörte die Kurzgeschichte zur sogenannten „Trümmerliteratur“: Die Autoren von Kurzgeschichten wollten sich sprachlich und inhaltlich bewusst von der Literatur des Nationalsozialismus distanzieren und einen literarischen Neuanfang starten.

- Merkmale der Kurzgeschichte
  - Form: kurz, unvermittelter Anfang und plötzliches Ende
  - Sprache: einfach, knapp, nüchtern
  - Figuren: wenige, oft einfache Menschen und Außenseiter der Gesellschaft
  - Aufbau: linear, Beschränkung auf eine bemerkenswerte Situation
  - Inhalt: Situationen, die für die Figuren eine existenzielle Bedeutung haben; Aufzeigen gesellschaftlicher oder zwischenmenschlicher Probleme, aber kein Lösungsangebot.
  - Mehrdeutigkeit

- Seit einigen Jahren gewinnt die Kurzgeschichte wieder an Popularität und ist immer häufiger im Internet zu finden. Die Autoren sind meist unbekannt.

- Beispiele: Wolfgang Borchert, „Die Küchenuhr“ (1947); Elisabeth Langgässer, „Saisonbeginn“ (1947)

Parabel

- Kurzer Prosatext, der den Lesern durch Analogien eine neue Erkenntnis eröffnen möchte.
- Man unterscheidet bei Parabeln die Bildebene, also das erzählte Geschehen, und die Sachebene, das mit dem Bild Gemeinte. Um die Bildebene einer Parabel zu entschlüsseln, muss der Leser den Vergleichspunkt (Tertium Comparationis) finden, den Bild- und Sachebene miteinander gemeinsam haben.
- Biblische Gleichnisse sind den Parabeln sehr ähnlich. In ihnen findet sich jedoch ein Hinweis auf den Vergleichspunkt, also z. B. eine Wendung wie: „Das Reich Gottes ist wie ein Senfkorn".
- Parabeln können selbstständige Prosatexte sein oder Teile von Werken. Oft ergibt der Kontext, in den die Parabel eingefügt ist, einen Deutungshinweis.
- Das 20. Jahrhundert ist reich an Parabeln, die zunächst nicht danach aussehen. So können z. B. Franz Kafkas Romane als Parabeln gelesen werden, aber auch Bertolt Brechts Dramen.
- Beispiele: „Ringparabel" aus Gotthold Ephraim Lessing, „Nathan der Weise" (1779); Bertolt Brecht, „Geschichten vom Herrn Keuner"; Franz Kafka, „Heimkehr" (1936)

Legende

- Anonyme Erzählung aus dem Christentum, dem Buddhismus und dem Islam über Heilige und Märtyrer.

- Die Legende ist der Sage ähnlich, denn in beiden steckt ein „wahrer Kern". Das vorbildliche Leben der Heiligen wird in der Legende durch wunderbare Ereignisse unterstrichen.

- Im Buddhismus gibt es Buddha-Legenden, im Islam z. B. Legenden um Mohammeds Schwiegersohn Ali.

- Christliche Legenden wurden ursprünglich in Klöstern und Kirchen an den Feiertagen der Heiligen und Märtyrer vorgetragen oder zur Aufführung gebracht.

- In der Zeit der Reformation wandte sich der Protestantismus von der Heiligenverehrung und damit von deren Legenden ab. Erst in der Epoche der Romantik begann man sich wieder für sie zu interessieren.

- Ähnlich wie bei Märchen ist der Ursprung von Legenden zunächst anonym. Später werden sie von namhaften Schriftstellern verfasst, z. B. Gottfried Kellers Legendenzyklus „Sieben Legenden" (1872).

- Beispiele aus dem 20. Jahrhundert: Hermann Hesse, „Legende vom indischen König" (1907); Thomas Mann, „Der Erwählte" (1951)

Märchen

Volksmärchen

- Von unbekannten Autoren ursprünglich für Erwachsene verfasst, sind mündlich überliefert und deshalb häufig abgewandelt worden.
- Inhalte sind frei erfunden und handeln von übernatürlichen Mächten, sprechenden Fantasiewesen, wunderbaren Begebenheiten.
- Inhalt: Aus gegensätzlichen Eigenschaften der Wesen (gut – böse) entsteht ein Konflikt, der immer so aufgelöst wird, dass die gute, schöne und/oder tapfere Seite gewinnt.
- Raum- und Zeitangaben sind unbestimmt („Es war einmal …").
- Formelhafte Wendungen („….und wenn sie nicht gestorben sind…") und magische Zahlen, also z. B. drei Rätsel.
- In der Epoche der Romantik interessierte man sich sehr für Märchen, die das Volk vermeintlich aus sich selbst heraus geschaffen hat. Hier schien das Irreale – das „Wunderbare" und Geheimnisvolle – in der Welt seinen Platz zu haben. Die berühmte Sammlung der „Kinder- und Hausmärchen" (1812–15) der Brüder Grimm stammt aus dieser Zeit.

Kunstmärchen

- Kunstmärchen werden von bekannten Autoren verfasst, sind aber formal und thematisch am Volksmärchen orientiert.
- Beispiele: Johann Wolfgang von Goethe, „Das Märchen" (1795); Ludwig Tieck, „Der blonde Eckbert" (1797); E.T.A. Hoffmann, „Der Goldne Topf" (1814); Hans Christian Andersen

Sage

- Erzählung, die aus dem Volk stammt, dort weitererzählt wurde und sich dadurch immer wieder veränderte – ähnlich der Legende und dem Märchen. Die Sage handelt davon, dass Menschen übernatürlichen Kräften und Wesen ausgeliefert sind.

- Sprache oft schlicht und von der Sprache des Volkes geprägt.

- Sagen können unterschieden werden
  - nach Funktion (z. B. Sagen, die den Namen einer Naturerscheinung oder eines Ortes erklären),
  - nach Inhalt (z. B. Göttersagen, Heldensagen, Hexensagen, mythische Sagen, Riesensagen).

- Unterschiede zum Märchen
  - In Sagen steckt meist ein „wahrer Kern“: Darauf deuten genaue historische und geografische Bezüge durch Zeitangaben, Nennung bekannter Orte und/oder historischer Persönlichkeiten hin.
  - Der Mensch ist in der Sage den übernatürlichen Kräften und Wesen ausgeliefert, es gewinnt also nicht immer die gute Seite.

- Unterschiede zur Legende
  - Auch in der Legende steckt meist ein „wahrer Kern“, doch ihre Hauptfiguren sind Heilige und Märtyrer.

- Sammlung und Erforschung der Sagen in der Romantik durch Jacob und Wilhelm Grimm („Deutsche Volkssagen“, 1816–18)

- Beispiele: Sagen um Kaiser Barbarossa; Sage vom König Watzmann

Erzählung

- Sammelbegriff für eine Gruppe erzählender Texte mittlerer Länge; aufteilbar in Einleitung, Hauptteil und Schluss; üblicherweise chronologisch aufgebaut.

- Der Begriff „Erzählung“ kann nur im Gegensatz zu anderen Prosaformen definiert werden:
  - Im Gegensatz zum Roman ist die Erzählung kürzer und weniger vielschichtig.
  - Im Gegensatz zur Novelle ist die Erzählung weniger durchstrukturiert, aber von ähnlichem Umfang.
  - Im Gegensatz zur Kurzgeschichte hat die Erzählung eine geschlossene Form.
  - Im Gegensatz zur Fabel hat eine Erzählung keinen lehrhaften Charakter.
  - Im Gegensatz zum Märchen bezieht sich die Erzählung nicht auf wunderbare Ereignisse.

- Beispiele: Adalbert Stifter, „Bergkrystall“ (1853); Thomas Mann, „Herr und Hund“ (1919)

- Daneben wird die Bezeichnung „Erzählung“ oft auch als Oberbegriff für alle Gattungen der Epik und Prosa verwendet.

Novelle

- Relativ kurzer Prosatext, in dessen Zentrum ein Ereignis steht, das zu einem Konflikt führt und so noch nie da gewesen ist. Definition Goethes: „eine sich ereignete unerhörte Begebenheit".

- Der Aufbau einer Novelle kann mit der geschlossenen Form des Dramas verglichen werden: Streng auf einen Höhe- und Wendepunkt zulaufend, keine Nebenhandlungen. Theodor Storm nannte die Novelle auch die „epische Schwester des Dramas".

- Häufig findet man z. B. ein Leitmotiv oder ein Dingsymbol, das der Novelle den roten Faden gibt.

- Paul Heyses Falkentheorie (1871): Jede Novelle braucht einen Falken, also ein Dingsymbol.

- Novellen werden oft zu einem Zyklus zusammengefasst. Dieser bildet die Rahmenhandlung für die Geschehnisse, kann sie aber auch in eine bestimmte historische Situation einordnen. Beispiel: Giovanni Boccaccios Novellenzyklus „Il Decamerone" (1348–53)

- Beispiele: Heinrich von Kleist, „Die Marquise von O..." (1808); Johann Wolfgang von Goethe, „Novelle" (1828); Theodor Storm, „Der Schimmelreiter" (1888); Günter Grass, „Katz und Maus" (1961)

Epos

- Epische Großform in Versen, die vor allem in der Antike, aber auch im Mittelalter sehr beliebt war.
- Form: gleichbleibendes Versmaß, oft Gliederung in Strophen
- Merkmale: Die Sprache ist gehoben und ausschweifend. Der Erzähler ist allwissend und nimmt eine Außenperspektive ein.
- Stoff: Mythen, Götter- und Heldensagen, bedeutende historische Ereignisse/Personen
- Eines der frühesten Epen ist das babylonische „Gilgamesch-Epos“ aus dem 2. Jahrtausend v. Chr. In der Antike entstanden mehrere bekannte Werke: Homer, „Ilias“ und „Odyssee“ (2. Hälfte des 8. Jhs. v. Chr.); Vergil, „Aeneis“ (29–19 v. Chr.).
- Im Mittelalter findet man neben dem lateinischen auch das volkssprachliche Epos. Es entstand z. B. der angelsächsische „Beowulf“ (ca. 1000 n. Chr.).
- Im Mittelalter entwickelte sich das Nationalepos, das für das historische Selbstverständnis der Nationen eine große Rolle spielte. Für die Deutschen gilt das „Nibelungenlied“ (Beginn des 13. Jahrhunderts) als Nationalepos.
- Seit dem 19. Jahrhundert verliert das Epos an Bedeutung und wird nach und nach vom Roman abgelöst.

Roman

- Umfangreicher Prosatext
- Der Begriff leitet sich vom altfranzösischen „romanz“ ab. Dieses Wort wurde in Frankreich seit dem Mittelalter für Schriften verwendet, die nicht auf Latein, sondern in der romanischen Volkssprache verfasst waren.
- Der Roman handelt meist von einzelnen Protagonisten oder einer Gruppe von Figuren, deren Leben über einen längeren Zeitraum dargestellt wird. Die Figuren sollen vielschichtig präsentiert werden, also z. B. nicht nur in ihrem privaten, sondern auch in ihrem gesellschaftlichen oder historischen Umfeld.
- Ein Roman beschränkt sich nicht nur auf eine Haupthandlung, sondern weitet das Blickfeld des Lesers auf viele Nebenhandlungen mit vielen weiteren Figuren aus.
- Erster bedeutender deutscher Roman: Grimmelshausen, „Der abenteuerliche Simplicissimus Teutsch“ (1668)
- Der Roman wurde bis ins 18. Jahrhundert häufig abgelehnt, weil er nicht in Versen, sondern in Prosa verfasst ist. Zudem verachtete man, dass sein fiktionaler Inhalt offenbar nur der Unterhaltung des Bürgertums diente.
- Johann Wolfgang von Goethes Briefroman „Die Leiden des jungen Werther“ wurde 1774 zum ersten Bestsellerroman.
- In der Moderne ist der Roman die beliebteste Form erzählender Literatur.

Höfisch-historischer Roman

- Umfangreicher und sehr komplexer Versroman (später Prosatext), der zunächst für einen mündlichen Vortrag vor adligem Publikum vorgesehen war, später aber für Leser aufgeschrieben wurde. In ihm wird eine Geschichte von Liebe und Abenteuer erzählt.

- Frankreich und Deutschland im 12./13. Jahrhundert

- Der auktoriale Erzähler wendet sich direkt an die Figuren, aber auch an die Leser. Er gibt wertende Kommentare zum Geschehen ab, schaltet manchmal auch längere Exkurse ein.

- Der Held des höfisch-historischen Romans ist meist ein Ritter, der im Auftrag seiner Minnedame auf die Probe gestellt wird. Nur wenn er andere Ritter oder wundersame Wesen besiegt, kann er seinen Platz im Herzen der Angebeteten und am ritterlichen Hofe finden.

- Beispiele: Chrétien de Troyes, Artusromane; Wolfram von Eschenbach, „Parzival“ (ca. 1200); Gottfried von Straßburg, „Tristan und Isolt“ (nach 1200)

Briefroman

- Besondere Form des Romans, die im 18. Jahrhundert und besonders während der Zeit der Empfindsamkeit beliebt war.

- Während der Epoche der Aufklärung, die zunächst die Rationalität des Menschen in der Vordergrund stellte, bildete sich ergänzend eine Tendenz heraus, die die Empfindsamkeit des Menschen betonte. Besonderer Wert wurde auf Gefühle und die Subjektivität des Menschen gelegt.

- Das Romangeschehen wird fast ausschließlich durch Briefe einer oder mehrerer fingierter Verfasser dargestellt. Die Gedanken und Gefühle stehen im Zentrum.

- Keine Erzählerinstanz greift vermittelnd ein. Manchmal werden die Briefe ergänzt durch angeblich authentische Dokumente, wie z. B. Tagebucheintragungen.

- Vorform des Briefromans: Ovid, „Heroides“

- Als ein Meilenstein des deutschen Briefromans gilt Johann Wolfgang von Goethe, „Die Leiden des jungen Werther“ (1774).

- Im 20. Jahrhundert wird nur noch selten auf die Briefform zurückgegriffen: Walter Jens, „Herr Meister“ (1963).

Bildungsroman und Entwicklungsroman

Bildungsroman

- Im Mittelpunkt steht die innere Entwicklung (Bildung) des Individuums, deren Ziel die volle Entfaltung der Begabungen ist, die im Individuum von Anfang an vorhanden sind.
- Der Bildungsroman beginnt meist in einer Zeit, in der der Protagonist noch unreif ist: Entweder ist er sehr jung oder in seiner inneren Entwicklung noch nicht weit fortgeschritten.
- Meist führen den Protagonisten äußere Veränderungen in eine (innere) Bedrängnis, die überwunden werden muss. In der Folge entfalten sich seine Begabungen, weil er sich mit seiner gesellschaftlichen Umwelt auseinandersetzen muss.
- Am Ende des Bildungsromans steht das Individuum als reife Persönlichkeit inmitten der Gesellschaft bzw. Welt.
- Beispiele: Christoph Martin Wieland, „Geschichte des Agathon“ (1766/67); Johann Wolfgang von Goethe, „Wilhelm Meisters Lehrjahre“ (1795)

Entwicklungsroman

- Kein zielgerichteter Prozess mehr, sondern eine Darstellung der Entwicklung, die auch ein Scheitern der Integration in die Gesellschaft zur Folge haben kann.
- Beispiele: Thomas Mann, „Der Zauberberg“ (1924); Günter Grass, „Die Blechtrommel“ (1959)

Gesellschaftsroman und Zeitroman

Gesellschaftsroman

- In einem Gesellschaftsroman soll das soziale Leben einer Epoche ausführlich und mit allen Facetten dargestellt werden.
- Der Gesellschaftsroman setzt eine Gesellschaft voraus, in der verschiedene gesellschaftliche Schichten, Milieus oder Klassen voneinander unterschieden werden können. Diese Schichten, Milieus oder Klassen werden im Gesellschaftsroman beleuchtet und mit ihren je eigenen Problemen und Spannungen untereinander dargestellt.
- Meist werden mehrere Handlungsstränge gleichzeitig dargestellt, um ein umfangreiches Bild der gesellschaftlichen Zustände zu entwickeln.
- Bekannte Autoren: Theodor Fontane, Charles Dickens, Lew Nikolajewitsch Tolstoi, Fjodor Michailowitsch Dostojewski

Zeitroman

- In einem Zeitroman will der Autor die eigene Zeit darstellen und dabei zentrale geistige Strömungen erfassen, er geht also über die gesellschaftlichen Zustände hinaus.
- Im 20. Jahrhundert sehen die Autoren ihre Zeit meist kritisch, z. B. Heinrich Mann, „Der Untertan“ (1914); Heinrich Böll, „Ansichten eines Clowns“ (1963); Günter Grass, „Hundejahre“ (1963).

Kriminalroman

- Im Zentrum eines Kriminalromans steht ein Verbrechen, meist ein Mord.
- Der Kriminalroman stellt das Entstehen des Verbrechens oft in zeitlich korrektem Ablauf dar. Ebenso kann er aber auch in Form einer Detektivgeschichte erzählt sein, die von der Tat ausgeht und in deren Verlauf der Tathergang rekonstruiert wird.
- Eine frühe Kriminalgeschichte ist Friedrich Schillers Erzählung „Der Verbrecher aus verlorener Ehre“ (1786).
- Oft ist das Verbrechen nur der Anlass, um gesellschaftliche Probleme oder menschliche Ausnahmezustände darzustellen: Charles Dickens, „Oliver Twist“ (1837); Alfred Döblin, „Berlin Alexanderplatz“ (1929).
- Der Kriminalroman ist als Unterhaltungsliteratur beliebt und heutzutage häufig auf Bestsellerlisten zu finden, z. B. in Untergattungen wie dem Thriller oder dem Regionalkrimi.
- Englischsprachige Autoren haben den Kriminalroman geprägt und sind auch in Deutschland sehr populär: Arthur Conan Doyle, „Sherlock Holmes“; Patricia Highsmith, „Der talentierte Mr. Ripley“ (1955).

Biografie

- Die literarische oder wissenschaftliche Beschreibung des Lebens einer Person als chronologischer Bericht. Neben der inneren Entwicklung der Person werden auch äußere Ereignisse in die Beschreibung miteinbezogen.

- Die literarische Biografie verbindet Realität und Fiktion und kann deshalb der Geschichtsschreibung nur bedingt als Quelle dienen. Es finden sich in Inhalt, Struktur und Sprache immer wieder romanhafte Elemente.

- Sonderformen der Biografie
  - Vita: Viten sind meist als Lob auf die Tugenden der beschriebenen Person ausgearbeitet. Sie sollen den Leser zur Nachahmung anhalten, deshalb finden sich neben historischen Fakten auch viele Ausschmückungen. Im Mittelalter waren die Heiligenviten (Hagiografien) besonders beliebt.
  - Nekrolog: Das Lebenswerk eines Menschen wird nach seinem Tod gewürdigt.
  - Autobiografie: Sie ist die literarische Rekonstruktion des eigenen Lebens, in deren Vordergrund die innere und soziale Entwicklung, nicht aber historische Ereignisse stehen.
  - Memoiren: Sie sind die literarische Darstellung von Lebenserinnerungen, die eingebettet sind in Erinnerungen an zeitgeschichtliche Ereignisse. Oft dienen sie der Rechtfertigung des eigenen öffentlichen Handelns.

- Mit Biografien beschäftigen sich nicht nur die Literaturwissenschaft, sondern auch die Geschichtswissenschaft, die Soziologie, die Psychologie und die Medizin.

Utopischer Roman

- Romane, in denen die Autoren ein ideales Gegenbild, also ein Wunschbild zu ihrer eigenen Gegenwart entwerfen. Dieses Wunschbild kann seinen Schwerpunkt im politischen, ökonomischen und/oder gesellschaftlichen Bereich haben.
- Die Autoren üben Kritik an ihren Zeitgenossen und sind deshalb meist gezwungen, die Handlung ihrer Romane in eine andere Zeit (oft in die Zukunft) und an einen unbekannten Ort, z. B. auf eine Insel zu verlegen.
- Ziel von Utopien ist meist, die Zeitgenossen auf Missstände aufmerksam zu machen und Veränderungen anzustoßen.
- Erste literarische Utopie: Platon, „Politeia" (ca. 374 v. Chr.)
- „Utopia" (= „Nirgendwo"): Der Name eines Staatsromans von Thomas Morus aus dem Jahr 1516, der zum Prototyp des Utopischen Romans wurde.
- Beispiele aus dem 18. Jahrhundert: Daniel Defoe, „Robinson Crusoe" (1719); Jonathan Swift, „Gullivers sämtliche Reisen" (1726)
- Vor allem im 20. Jahrhundert kamen die Autoren davon ab, Wunschbilder zu entwerfen. Sie formulierten ihre Kritik als Warnungen und verfassten Anti-Utopien oder Dystopien: Aldous Huxley, „Brave new world" (1932); George Orwell, „1984" (1949).

Moderner Roman

- Die Autoren sogenannter moderner Romane bezweifeln, dass die Welt aufgrund ihrer Komplexität überhaupt noch erzählbar ist. Sie bedienen sich deshalb neuer Erzählformen.

- Den modernen Roman gibt es seit Beginn des 20. Jahrhunderts. Wegbereiter des modernen Romans war James Joyce, der die Leser in seinem Roman „Ulysses" (1922) die Zeitspanne von einem Tag und einer Nacht im Unterbewusstsein eines Menschen erleben lässt.

- Stilmittel, mit denen auf die Komplexität der Welt eingegangen werden soll, sind z. B. die Montagetechnik oder der Stream of Consciousness.

- Auch gibt es im modernen Roman oft keinen allwissenden, auktorialen Erzähler mehr. Erzähler, Erzählformen und Erzählverhalten wechseln. Es gibt z. B. Romane, in denen sich mehrere Ich-Erzähler abwechseln oder neben der Er-/Sie-Form auch Rückblenden in der Ich-Form auftauchen.

- Beispiele: James Joyce, „Ulysses" (1922); Franz Kafka, „Der Prozeß" (1925); Alfred Döblin, „Berlin Alexanderplatz" (1929); Robert Musil, „Der Mann ohne Eigenschaften" (1940)

Postmoderner Roman

- Der postmoderne Roman ist die Reaktion einiger Autoren auf das Gefühl, dass die moderne Welt nicht mehr sinnvoll gedeutet werden kann. Es scheint ihnen unmöglich, Geschichten zu schreiben, die in sich abgeschlossen sind. Die Welt scheint sich den traditionellen und modernen Formen der literarischen Beschreibung zu entziehen.

- Gern wird das Stilmittel des unzuverlässigen Erzählers benutzt. Durch ihn kann darauf hingewiesen werden, dass der Mensch keine objektiven Wahrheiten erhalten kann.

- Postmoderne: Schlagwort für Tendenzen in Gesellschaft, Kultur und Kunst in der 2. Hälfte des 20. Jahrhunderts. Es ist fraglich, ob sich der Begriff als Epochenbegriff durchsetzen wird.

- Kennzeichen der postmodernen Literatur: Intertextualität, Metafiktion, Stilmischungen, Ablehnung der Moderne

- Beispiele: Umberto Eco, „Der Name der Rose“ (1980); Paul Auster, „Stadt aus Glas“ (1985), „Mond über Manhattan“ (1989); Patrick Süskind, „Das Parfum“ (1985); Peter Stamm, „Agnes“ (1998)

Blogroman

- Der Blogroman zählt zu den Werken der Netzliteratur. Netzliteratur nutzt die technischen und kommunikativen Mittel des Internets literarisch-künstlerisch. (Nicht alle Literatur im Netz ist „Netzliteratur"!)

- Der Blogroman ist ein Roman, der in Form eines Blogs im Internet und üblicherweise nicht in Buchform veröffentlicht ist.

- Die Veröffentlichung geschieht nicht als komplettes Werk, sondern in einzelnen Passagen. Somit ist der Blogroman mit dem klassischen Fortsetzungsroman verwandt.

- Es gibt unterschiedliche Formen der Interaktion und Kommunikation zwischen Autoren und Lesern:
  - Die Leser können die einzelnen Passagen kommentieren und miteinander darüber kommunizieren.
  - Der Autor kann sich in die Kommunikation unter den Lesern einschalten, so dass ein literarischer Diskurs entsteht.
  - Der Autor kann die Vorschläge der Leser in seinen Roman einfließen lassen.
  - Der Autor kann die Leser bewusst nach ihrer Meinung fragen, indem er eine Umfrage veranstaltet.

- Beispiele: Karen Liller, „Sechzig Grad"; Sebastian Kraus, „Wrangelstraße"

Drama (Merkmale)

- Dramatik ist neben Lyrik und Epik eine der drei grundlegenden Gattungen der Literatur.
- Drama: Schriftlicher Text, der für eine Bühnenaufführung durch Schauspieler gedacht ist. Synonyme Begriffe sind u. a. Bühnenstück, Theaterstück, Stück, Schauspiel.
- Lesedrama: Sonderform des Dramas. Es hat die Form eines Dramas, ist aber zunächst nicht für eine Aufführung vorgesehen, da z. B. zu viele Figuren dargestellt werden müssen. Mitunter macht ein Fortschritt in der Bühnentechnik eine Aufführung in späteren Jahren doch möglich. Beispiel: Johann Wolfgang von Goethes „Faust II" (1832).
- Grundformen des Dramas: Tragödie, Komödie, Tragikomödie
- Das klassisch-aristotelische Drama
  - Typische Thematik: Unterschiedliche Wertvorstellungen führen zu äußeren und inneren Konflikten.
  - Typische Gliederung: Akt (Aufzug) und Szene (Auftritt) als größere Handlungseinheiten; meist ein Spannungsbogen.
  - Typische Gestaltungsmittel: Figurenrede in Dialog und Monolog; Gestik und Mimik.
- Moderne Dramen brechen oft mit Konventionen.
  - Thematik: Oft Auseinandersetzung mit dem Ich, der Mensch ist in sich zerrissen, determiniert, orientierungslos.
  - Gliederung: Größere Handlungseinheiten können fehlen, Handlung ist oft fragmentarisch, keine Auflösung am Ende.
  - Gestaltungsmittel: Typisch ist ein „Aneinandervorbeireden", die Figuren verstehen die Welt und damit auch die Menschen nicht mehr, sie können sich nur noch in Satzfetzen verständigen, manchmal verstummen sie sogar ganz.

Drama (Geschichte)

- Das Drama hat kultischen Ursprung: Die Anfänge liegen im antiken Griechenland, wo es als Komödie oder Tragödie schon im 5. Jh. v. Chr. zu Ehren des Gottes Dionysos aufgeführt wurde.
- Zunächst agierten nur der Chor und ein Schauspieler, später auch zwei (Aischylos) und drei (Sophokles) Schauspieler auf der antiken Bühne. Im Laufe der Zeit trat der Chor in den Hintergrund. Aristoteles entwickelte die erste Theorie zur Tragödie.
- Im Mittelalter wurden zumeist geistliche Stücke (Passionsspiel, Weihnachtsspiel) aufgeführt, in denen v. a. auf Marktplätzen den Gläubigen das christliche Heilsgeschehen vorgeführt wurde.
- Für das italienische und das französische Renaissancedrama wurden erstmals verbindliche Formmuster definiert, die das europäische Drama bis ins 18. Jh. prägten: die drei Einheiten, die Einteilung der Handlung in fünf Akte, die Ständeklausel.
- Gotthold Ephraim Lessing entwickelte im 18. Jahrhundert das deutsche „bürgerliche Trauerspiel": Aufhebung der Ständeklausel; Protagonisten stammen aus dem Bürgertum.
- Vor allem Johann Wolfgang von Goethe („Iphigenie", ca. 1786) und Friedrich Schiller („Wilhelm Tell", 1804) prägten das Drama der Klassik: Darstellung idealer Charaktere, Harmonie zwischen Pflicht und Neigung; symmetrischer Aufbau.
- Unter anderem Georg Büchner (1813–1837) wird als Wegbereiter des modernen Dramas angesehen.
- Mit dem „epischen Theater" setzte Bertolt Brecht um die Mitte des 20. Jhs. neue Maßstäbe. Das Dokumentartheater und v. a. das absurde Theater bildeten ebenfalls neue Formen heraus.

Theateraufführung

- Die Theateraufführung ist die Realisierung des schriftlich vorliegenden Dramentextes.

- Es besteht immer ein Spannungsverhältnis zwischen Text und Aufführung, da die Inszenierung auf der Bühne das Ergebnis einer Interpretation ist.

- Eine Theateraufführung ist plurimedial, es werden also verschiedene Sinne angesprochen:
  - Akustik: Geräusche, Klangeffekte (Handyklingeln, Regen), Musik
  - Optik: Mimik, Gestik, Maske, Kostüm, Requisiten, Bühnenform, Bühnenbild, Beleuchtung

- Eine Theateraufführung ist immer eine kollektive Produktion. Daran beteiligt sind vor allem:
  - Regisseur
  - Dramaturg
  - Autor
  - Schauspieler
  - Bühnenbildner
  - Kostüm- und Maskenbilder
  - Beleuchter

- Die Theateraufführung ist für eine kollektive Rezeption erstellt: Sie ist auf die Zuschauer ausgerichtet, deren Reaktion kann eine Wirkung auf die Aufführung haben.

Bühne

- Die älteste Bühnenform ist die **Freilichtbühne** des antiken Dramas. Der Zuschauerraum war ansteigend und halbrund. In der Mitte befand sich ein kreisrunder Platz (Orchestra), die Hauptspielfläche, wo auch der Chor seinen Platz hatte. Die Skene (Holzhütte mit gemaltem Hintergrund) begrenzte die Spielfläche nach hinten. Die Türen der Skene dienten dem Kostümwechsel, aber auch verdeckten Bühnenhandlungen.

- Das v. a. geistliche Spiel des Mittelalters wurde auf öffentlichen Plätzen aufgeführt. Dabei wurden mehrere Schauplätze in unmittelbarer Nähe aufgebaut („**Simultanbühne**"). Wenn die Handlung es erforderte, wechselten die Schauspieler gefolgt vom Publikum die Spielplätze. Es konnte auch auf mehreren Schauplätzen gleichzeitig gespielt werden.

- Die **Shakespearebühne** des späten 16. Jahrhunderts bestand aus drei Teilen: Einer Vorderbühne, die weit in den Zuschauerraum hineinragte, von drei Seiten Einblick gestattete und so große Publikumsnähe ermöglichte; einer überdachten Hinterbühne, die zur Andeutung eines Innenraums genutzt werden konnte, und einer Oberbühne (Balustrade), die als Spielfläche oder Zuschauerloge diente. So war ein schneller Szenen- und Schauplatzwechsel möglich.

- Im 17. und 18. Jahrhundert setzte sich die **Guckkastenbühne** im geschlossenen Raum durch. Die beleuchtete Bühne ist vom dunklen Zuschauerraum durch eine Rampe und einen Vorhang getrennt. Der Vorhang dient zur Aufrechterhaltung der Illusion, Umbauarbeiten an den jetzt vorhandenen Kulissen können so verborgen werden. Technische Varianten der Guckkastenbühne sind Versenk-, Schiebe- und Drehbühnen.

- Seit Mitte des 20. Jahrhunderts wird mit **variablen Bühnenformen** experimentiert, um die Trennung zwischen Zuschauer- und Bühnenraum aufzuheben.

Konflikt

- Im Zentrum des klassisch-aristotelischen Dramas steht ein Konflikt, der eine Lösung verlangt. Konflikte können sich aus einem Widerspruch von Pflicht und Neigung, Wille und Aufgabe, aus gesellschaftlichen Kontroversen oder durch unterschiedliche Wertvorstellungen ergeben.

- Moderne Dramen beschäftigen sich meist nicht mit Konflikten im traditionellen Sinne. Hier soll das Augenmerk auf einen Zustand gelenkt werden, nicht aber auf den Verlauf oder gar die Lösung eines Konfliktes.

Äußerer Konflikt

- Die Gegensätze werden von verschiedenen Figuren bzw. Figurengruppen ausgetragen. Es kommt zum sichtbaren Zusammenstoß. Beispiele:
  - Kampf zweier politischer Richtungen um den Fortgang einer Revolution
  - Unterdrücker gegen Unterdrückte kämpfen um die Freiheit.
  - Rivalität zweier Brüder um die Anerkennung des Vaters

Innerer Konflikt

- Der Kampf wird im Inneren einer einzelnen Figur ausgetragen. Beispiele:
  - Gefühl und Vernunft konkurrieren.
  - Pflichtgefühl gegenüber den Göttern und gegenüber dem Staat stehen in einem Widerstreit.
  - Innerer Zwiespalt zwischen Erziehung und Gefühlen

- Innere Konflikte können in Konfliktmonologen ausgetragen werden.

Handlung

- Die Handlung ist die Gesamtheit von Begebenheiten, die den Verlauf eines Dramas ausmachen und an denen normalerweise mehrere Figuren beteiligt sind.

- Die Handlung ist meist in Akte (Aufzüge) und Szenen (Auftritte) gegliedert.

- Einheit der Handlung: Für Aristoteles war sie eine der wichtigsten Anforderungen an ein Drama. Der Zuschauer soll nicht durch eine Nebenhandlung von der Haupthandlung, in der der Konflikt entwickelt wird, abgelenkt werden.

- Nebenhandlung: Sie ist in (meist abgeschlossenen) Episoden in die Haupthandlung eingeschoben und hat oft die Funktion, einen Kontrast oder eine Variante zur Haupthandlung zu entfalten.

- Äußere Handlung: Sie ist das Geschehen, das für die Bühnenfiguren äußerlich wahrnehmbar ist.

- Innere Handlung: Sie umfasst die seelische und moralische Entwicklung der Figuren und die Veränderung der Beziehungen der Figuren zueinander.

- Offene Handlung: Sie ist die für den Zuschauer auf der Bühne sichtbare Handlung.

- Verdeckte Handlung: Die Handlung ist auf der Bühne nicht sichtbar, weil sie nicht gezeigt werden kann oder soll. Handlung, die „zeitlich verdeckt" ist, kann z. B. durch einen Botenbericht vermittelt werden, „räumlich verdeckte" Handlung durch die Teichoskopie (Mauerschau). Auch in der Exposition wird oft verdeckte Handlung, nämlich die Vorgeschichte, gerafft wiedergegeben.

Haupt- und Nebentext

Haupttext

- Die Figurenrede, also der Sprechtext der Figuren.
- Die Figuren sprechen im Dialog oder im Monolog, indirekt aber immer auch zu den Zuschauern.

Nebentext

- Der Nebentext enthält wesentliche Aspekte, die für die Aufführung eines Dramas von Bedeutung sind, z. B. Regieanweisungen zu Bühnengestaltung, äußerem Erscheinungsbild der Figuren, Mimik, Tonfall und Gestik der Figuren, zu Auftritt und Abgang oder zu akustischen Phänomenen. Es gehören aber auch Titel, Widmung, Vorwort, Personenverzeichnis, Nummerierung der Akte und Szenen zum Nebentext.
- Im Dramentext ist der Nebentext meist typographisch hervorgehoben (kursiv, Kapitälchen).
  Ein Regisseur ist bei seiner Umsetzung des Dramas auf der Bühne nicht an den Nebentext gebunden.

Verhältnis von Haupt- und Nebentext

- Im klassischen Drama gibt es noch relativ wenig Nebentext, weil die Autoren oft auch Regisseure ihrer Dramen sind.
- In naturalistischen Dramen wächst der Nebentext beinahe auf die Länge des Haupttextes an, z. B. Gerhard Hauptmann, „Die Weber“ (1892).
- Samuel Becketts Drama „Akt ohne Worte“ (1956) besteht nur aus Nebentext.

Dialog

- Der Dialog ist ein Zwiegespräch zwischen zwei oder mehreren Figuren. Ein funktionierender Dialog ist eine interaktive Kommunikation, d. h. eine Figur geht auf das ein, was das Gegenüber gesagt hat. Dies wird als Replik bezeichnet.

- In Dramen wird die Handlung im Wesentlichen durch Dialoge vorangetrieben. Deshalb sind sie (vor allem für geschlossene Dramen) ein typisches Merkmal: Im Dialog kann ein Konflikt gesteigert und ausgetragen werden, es können Entscheidungen getroffen oder Katastrophen durchlebt werden.

- Ein Dialog vermittelt neben inhaltlichen Aussagen, in welchem Verhältnis Figuren zueinander stehen.
  - Symmetrischer Dialog (selten im Drama): Die Figuren sind gleichrangig und sprechen auf derselben Machtebene.
  - Asymmetrischer Dialog (typisch für Dramen): Ein Dialogpartner ist dem anderen unterlegen, was beispielsweise durch die gesellschaftliche (König – Adliger) oder die familiäre Situation (Vater – Sohn) begründet sein kann. Doch obwohl eine Seite auf den ersten Blick mächtig erscheint, kann sie sprachlich und argumentativ auch unterlegen sein. Äußerlich lässt sich die Asymmetrie z. B. daran erkennen, dass die Redeanteile unterschiedlich lang sind oder dass sich die Gesprächspartner gegenseitig ins Wort fallen.
  - Ein Dialog kann auch Beziehungslosigkeit ausdrücken. Die Figuren reden aneinander vorbei, denn sie können oder wollen einander nicht verstehen. Der Dialog besteht dann nicht aus Repliken, sondern aus zwei Monologen, die abwechselnd präsentiert werden.

- In Versdramen signalisiert **Stichomythie**, dass die Figuren aufgewühlt sind: Sie reden und antworten versweise abwechselnd. Noch mehr Emotionalität zeigt die Aufteilung einer Verszeile auf zwei oder mehrere Figuren, was man **Antilabe** nennt.

Monolog

- Im Monolog spricht eine Figur nicht zu einer anderen Bühnenfigur wie im Dialog, sondern zu sich selbst.

- Hauptformen des Monologs im Drama
  - Epischer Monolog: Eine Figur berichtet von auf der Bühne nicht dargestellten oder nicht darstellbaren Vorgängen.
  - Lyrischer Monolog: Ausdruck des Gefühlslebens einer Figur
  - Reflexionsmonolog: Die Figur nimmt sich eine Auszeit und spricht über ihre aktuelle Situation, wie es dazu kam und/oder was geschehen könnte.
  - Konfliktmonolog: Er ist oft am Höhepunkt des klassisch-aristotelischen Dramas zu finden. Der Protagonist wägt das Für und Wider einer Entscheidung ab, bevor er sich entschließt. Das Ergebnis des Konfliktmonologs entscheidet dann über den Fortgang der Handlung.

- Ursprung: Mit dem Zurücktreten des Chores gewann der Monolog im antiken Drama an Bedeutung.

- Im Sturm und Drang diente er den Protagonisten häufig zur Selbstanalyse.

- Im Drama der Klassik findet man häufig den lyrischen Monolog und den Konfliktmonolog.

- Vor allem in der Epoche des Naturalismus trat der Monolog im Drama immer mehr in den Hintergrund, da er als unnatürlich galt.

- Erst der Expressionismus fand wieder zum Monolog und benutzte ihn als Zeichen der Vereinzelung des Individuums. Ein echtes Gespräch in Rede und Gegenrede scheint den Autoren dieser Zeit nicht mehr möglich.

Besondere Formen der Figurenrede

Botenbericht

- Ein Bote berichtet von Ereignissen, die für die Handlung wichtig sind. Diese sind „zeitlich verdeckt", also bereits abgeschlossen. Es kann auch sein, dass sie auf der Bühne technisch schwer aufzuführen wären (z. B. Schlachten oder ein Mord).

Mauerschau (Teichoskopie)

- Von einem erhöhten Standpunkt aus (von einem Baum, einem Turm oder einem Hügel) berichtet ein Beobachter den übrigen Figuren und damit dem Publikum Vorgänge, die „räumlich verdeckt" sind, sich also außerhalb ihres Blickfeldes, aber gleichzeitig abspielen.

- Die Bezeichnung „Mauerschau" geht auf eine Szene in Homers Epos „Ilias" aus dem 8. Jh. v. Chr zurück. Hier beschreibt Helena König Priamos von der Stadtmauer aus die Helden der Griechen.

Beiseitesprechen

- Eine Art „lautes Denken", bei dem eine Bühnenfigur zum Publikum spricht, ohne dass die anderen Figuren sie hören können.

Chorgesang

- Den Chor bildet im antiken Drama eine singende und tanzende Gruppe, die für einige Verse die Masken ablegen kann, um sich direkt dem Publikum zuzuwenden. Der Chor bewertet und kommentiert das Geschehen oder verteidigt das Stück aus der Perspektive des Autors. Im 20. Jahrhundert u. a. von Bertolt Brecht eingesetzt.

Protagonist und Antagonist

Protagonist

- Der Protagonist ist die Figur, die im Drama hauptsächlich handelt und um die im klassisch-aristotelischen Drama der Konflikt aufgebaut ist.
- Der Protagonist ist die am differenziertesten angelegte Figur. Oft ist sie daran zu erkennen, dass sie eine Entwicklung durchmacht.
- Meist ist der Protagonist ein positiver Held, weil er sich so als Identifikationsfigur anbietet. Er ist aber nicht auf diesen Charakter festgelegt.

Antgonist

- Die Kontrastfigur zum Protagonisten ist der Antagonist. Er stellt für den Protagonisten ein Hindernis auf seinem Weg dar, das überwunden werden muss, vielleicht aber auch zu seinem tragischen Ende führt.
- Ein typisches Protagonisten – Antagonistenpaar sind Faust und Mephistopheles in Johann Wolfgang von Goethes Drama „Faust" (1808).
- Vor allem in modernen Werken muss es nicht immer einen Antagonisten geben.

Typen und Charaktere

Typen

- Typen im Drama nennt man Figuren, die nicht als Individuen dargestellt werden, sondern „typische" Merkmale haben, an denen sie wiederzuerkennen sind, z. B. „der Soldat", „die Amme".
- Typen werden schon im antiken Drama oft durch Masken oder bestimmte Kostüme kenntlich gemacht, was ihre Austauschbarkeit betont.
- In Typenkomödien werden menschliche Verhaltensweisen bloßgestellt und lächerlich gemacht.
- Bekanntes Beispiele für Typenkomödien sind die Werke der Commedia dell'arte.

Charaktere

- Der Charakter bezeichnet dauerhafte und individuelle Eigenarten eines Menschen, nicht nur einen augenblicklichen Gemütszustand.
- Die Handlung in einem sogenannten Charakterdrama ist auf die Darstellung eines komplexen, vielleicht sogar widersprüchlichen Charakters ausgelegt. Der zentrale Konflikt kann auch im Inneren einer Figur ausgetragen werden, z. B. William Shakespeare, „Hamlet" (1603).
- In der Charakterkomödie wird eine Figur auf eine übertrieben betonte Charaktereigenschaft reduziert, z. B. Molière, „Der Geizige" (1668); Gerhart Hauptmann, „Der Biberpelz" (1893).

Charakterisierung der Figuren

- In einem Drama werden Figuren auf vielfältige Weise charakterisiert, und nur die Zusammenschau möglichst vieler Hinweise ergibt ein angemessenes Gesamtbild.

- Charakterisierung durch den Autor
  - Der Nebentext kann Hinweise auf die Figur geben: Ist sie die Titelfigur? Welche Position nimmt sie im Personenverzeichnis ein? Trägt sie einen sprechenden Namen? In welchem räumlichen und personalen Umfeld tritt die Figur auf? Was ist über ihr Aussehen, ihre Gestik und Mimik in den Regieanweisungen zu lesen?
  - Eine Figur wird auch durch ihr Verhältnis zu anderen Figuren charakterisiert: Verwandtschaftliche oder freundschaftliche Beziehungen, Feindschaften, Kontrastfiguren, gestörte Beziehung.

- Charakterisierung durch die Figur selbst
  - Die Figur kann sich und ihre Überzeugungen in einem Monolog, im Gespräch mit anderen Figuren oder sogar in der direkten Ansprache an das Publikum erklären.
  - Die Sprache kann viel über eine Figur aussagen: Der Dialekt gibt z. B. Hinweise auf ihr Milieu, die Wortwahl auf ihre Bildung, der Satzbau auf die psychische Verfassung.

- Charakterisierung durch eine andere Figur
  - Eine andere Figur spricht über die zu charakterisierende Figur (mit ihr selbst oder mit anderen). Hier können Widersprüche z. B. zur Eigencharakterisierung einer Figur auftreten.

Ständeklausel und Fallhöhe

- Ständeklausel
  - Die Ständeklausel besagt, dass die Hauptfiguren in einer Tragödie von gesellschaftlich hohem Rang, also z. B. Könige oder Adlige, sein sollen. Bürger als Hauptfiguren sollen nur in Komödien auftreten.
  - Die Ständeklausel wurde von Martin Opitz in seinem Werk „Von der Deutschen Poeterey" (1624) formuliert. Auch Johann Christoph Gottsched hielt im 18. Jahrhundert an dieser Regel fest. Opitz und Gottsched konnten sich dabei auf die Poetik des Aristoteles berufen, in der die Ständeklausel bereits angelegt war.

- Fallhöhe
  - Der Begriff der Fallhöhe wurde im 18. Jh. zur Begründung der Ständeklausel formuliert. Der Fall eines Helden wird von den Zuschauern umso intensiver und aufrüttelnder empfunden, je höher er im gesellschaftlichen Gefüge angesiedelt ist.

- Bürgerliches Trauerspiel
  - Gotthold Ephraim Lessing brach mit dem sog. bürgerlichen Trauerspiel im 18. Jh. die Zuordnungen der Ständeklausel auf. Ebenso wurde das Prinzip der Fallhöhe aufgegeben.
  - Auch Bürgerliche konnten nun mit ihren tragischen Konflikten dargestellt werden. Die Konflikte verlagerten sich vom Politischen ins Familiäre und Private.

Tragödie

- Drama, in dem ein tragischer Konflikt entfaltet wird (ursprünglich gleichbedeutende Bezeichnung: Trauerspiel).
- Tragik: Eine Figur befindet sich in einem (Werte-)Konflikt. Wie sie auch handelt, sie wird unausweichlich schuldig werden, obwohl sie es nicht unbedingt verdient hat.
- Der Ursprung der Tragödie liegt im antiken griechischen Dionysoskult. Vermutlich stand zu Beginn ein Chor, dessen Mitglieder zu Ehren des Gottes Dionysos als Böcke verkleidet sangen und tanzten (Tragödie = „Bocksgesang").
- Die griechische Tragödie entwickelte als zentrales Thema die Frage nach dem Verhältnis des Menschen zu den Göttern. Die bedeutendsten Dichter waren Aischylos, Sophokles, Euripides.
- Seit der italienischen und französischen Renaissancetragödie galten in Anlehnung an die aristotelische Poetik die drei Einheiten, die Ständeklausel und die Fallhöhe als unerlässlich.
- William Shakespeare etablierte im England des 16. Jahrhunderts eine neue Form der Tragödie: Aufhebung der drei Einheiten, Einführung von komischen Figuren auch in Tragödien und Darstellung des inneren Konflikts eines Helden (z. B. Hamlet).
- Von William Shakespeare beeinflusst, durchbrach Gotthold Ephraim Lessing den strengen Regelkanon mit dem bürgerlichen Trauerspiel auch in Deutschland.
- Modernen Autoren erscheint die Tragödie nicht mehr zeitgemäß, weil sie auf einem Widerstreit von allgemein akzeptierten Werten basiert. Diese können heute nicht mehr vorausgesetzt werden.

Komödie

- Drama mit komischem Inhalt und versöhnlichem Ausgang (weitgehend gleichbedeutende Bezeichnung: Lustspiel).

- Im Gegensatz zur Tragödie werden nur Scheinkonflikte ausgetragen. Diese beruhen auf menschlichen Schwächen und lösen sich am Ende glücklich auf.

- Einzelgattungen
  - Typenkomödie: keine Individualisierung der Figuren, sondern Darstellung von „typischen" Eigenschaften, z. B. Commedia dell'arte.
  - Charakterkomödie: meist Reduzierung auf eine übertrieben betonte Charaktereigenschaft, z. B. die Habgier (Molière, „Der Geizige", 1668).
  - Situations- und Intrigenkomödie: Handlung beruht z. B. auf Verwechslungen oder anderen Verwicklungen (Heinrich von Kleist, „Der zerbrochne Krug", 1808).

- Wie die Tragödie war auch die Komödie Bestandteil der antiken griechischen Dionysosfeiern. Die Komödie entwickelte sich aus Maskenumzügen junger Leute, die derbe Späße trieben.

- Die antike Komödientradition geriet im Mittelalter in Vergessenheit und wurde erst in der italienischen Renaissance wiederentdeckt. Zu dieser Zeit fand auch die Festlegung auf die Akteinteilung, die drei Einheiten und die Ständeklausel statt.

- In England (Shakespeare), Spanien und Frankreich (Molière) waren Komödien schon im 17. Jh. sehr beliebt. In Deutschland machten sie erst Lessing („Minna von Barnhelm", 1767) und Kleist („Der zerbrochne Krug", 1808) populär.

- Heute kann die Komödie unterschiedliche Formen annehmen: Groteske, Tragikomödie, absurdes Theater.

Tragikomödie

- Drama, in dem tragische und komische Elemente verbunden werden.
- Entweder wird eine tragische Grundsituation durch komische Motive so verstärkt, dass die Ausweglosigkeit der tragischen Situation besonders unterstrichen wird, oder die Tragik wird durch komische Elemente abgemildert.
- Die Tragikomödie wird erst in der Renaissance als eigene Gattung abgegrenzt, obwohl man schon vorher in manchen Dramen eine Vermischung der Elemente wahrnehmen kann.
- Erster Höhepunkt der Gattung im 17. Jahrhundert, z. B. Molière, „Der Misanthrop“ (1667).
- Friedrich Dürrenmatt, „Der Besuch der alten Dame“ (1956):
  - Das Drama nimmt Bezug auf Themen der antiken Tragödien: Schuld, Sühne, Läuterung.
  - Alfred Ill als tragischer Held, weil er ein moralisches Bewusstsein entwickelt und die Schuld auf sich nimmt.
  - Die Güllener werden ins Lächerliche gezogen, weil sie sich vom Geld verführen lassen.
- Beispiele: Friedrich Dürrenmatt, „Der Besuch der alten Dame“ (1956); Max Frisch, „Biedermann und die Brandstifter“ (1958)

Aristotelisches Drama

- Aristoteles entwarf im 8. Kapitel seiner „Poetik“ eine Dramentheorie, die dramatischen Werken seit dem 16. Jahrhundert zugrunde gelegt worden ist.

- **Die drei Einheiten**
  - Einheit der Handlung: Geschlossene Handlung; keine Nebenhandlungen, die von der Haupthandlung ablenken könnten; die kausale Logik des Handlungsverlaufs darf nicht durchbrochen werden. Aristoteles selbst spricht nur von der Einheit der Handlung.
  - Einheit des Ortes: Der Schauplatz der Handlung soll derselbe bleiben. Zum einen macht dies die Aufführung leichter, zum anderen fördert es auch die Illusion des Zuschauers, an einem realen Geschehen teilzuhaben.
  - Einheit der Zeit: Die Handlung eines Stückes soll nicht länger dauern als ein Tag und eine Nacht. So werden Zeitsprünge vermieden, die die Illusion der Zuschauer zerstören könnten.
  - Johann Christoph Gottsched (1700–1766) führt die drei Einheiten in die deutsche Dramentheorie ein.

- Katharsis
  - Die Handlung der Tragödie löst beim Zuschauer „Jammer“ und „Schauder“ aus, weil sie für den Helden unentrinnbar zu einem tragischen Ende führt.
  - „Jammer“ und „Schauder“ können sich bei den Zuschauern auch körperlich äußern. Ergebnis ist die moralische „Reinigung“ (Katharsis) des Zuschauers von eben diesen Affekten.
  - Gotthold Ephraim Lessing (1729–1781) interpretiert die Begriffe „Jammer“ und „Schauder“ im Sinne von „Furcht“ und „Mitleid“ um. Die Zuschauer sollen sich so mit dem Helden identifizieren und eine innere Wandlung zur Tugendhaftigkeit durchlaufen können.

Klassisches Drama

- In der Weimarer Klassik um 1800 griffen die Autoren, vor allem Johann Wolfgang von Goethe und Friedrich Schiller, wieder auf das Drama der Antike zurück:
  - Orientierung an antiken Formen: Meist drei oder fünf Akte; der Spannungsbogen gleicht einer Pyramide (1863 beschrieben von Gustav Freytag); Handlung ist abgeschlossen; Einheit von Handlung, Ort und Zeit.
  - Wiederbelebung antiker Stoffe
- Dennoch unterscheidet sich das klassische Drama entscheidend vom antiken Vorbild:
  - Üblicherweise tritt kein Chor auf und es gibt auch keine Masken mehr (ein Schauspieler spielt eine Rolle und nur selten mehrere).
  - Die Handlung ist zwar an antiken Stoffen orientiert, enthält aber aktuelle Bezüge.
  - Die Autoren sind am klassischen Ideal der Humanität orientiert.
  - Die Protagonisten im klassischen Drama können selbstbestimmter handeln und sind weniger dem Schicksal bzw. den Göttern ausgeliefert.
- Beispiele: Johann Wolfgang von Goethe, „Iphigenie auf Tauris“ (1787); Gotthold Ephraim Lessing, „Emilia Galotti“ (1772); Friedrich Schiller, „Wilhelm Tell“ (1804)

Aufbau des Dramas nach Freytag

- Gustav Freytag war ein deutscher Schriftsteller und hat in seinem Werk „Die Technik des Dramas“ (1863) den Aufbau des geschlossenen Dramas (nach Aristoteles und v. a. nach Schiller) mit Hilfe einer Pyramide veranschaulicht.
  - **Exposition**: Vorgeschichte, aus der der Konflikt entspringt; Einführung der wichtigsten Figuren, des Ortes und der Zeit.
  - Das **erregende Moment** führt dazu, dass Spannung ausgelöst und gesteigert wird. Der Konflikt spitzt sich zu.
  - **Höhepunkt** der Spannungskurve mit **Peripetie** (= Wendung): volle Entfaltung des Konflikts und plötzlich eintretende Wendung. Die Spannung lässt nach, weil der Zuschauer/Leser meint, das Ende zu kennen.
  - **Retardierendes Moment** (= Verzögerung): erneute Steigerung der Spannung, weil etwas Unvorhergesehenes geschieht, das Hoffnung auf die Lösung des Konflikts macht (Tragödie) oder das gute Ende verhindern könnte (Komödie).
  - **Lösung**: Auflösung des dramatischen Konflikts in einem tragischen Scheitern, der **Katastrophe** (Tragödie) oder der **Wendung zum Guten** (Komödie).

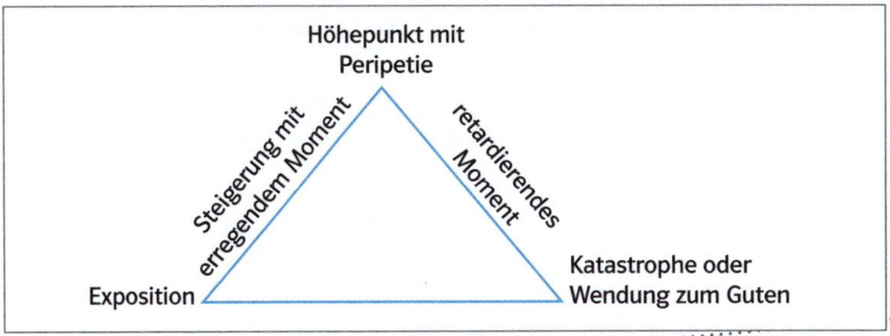

Die Technik des Dramas

Geschlossenes und offenes Drama

Geschlossenes Drama

- Die Handlung beginnt mit der Einführung in einen Konflikt und läuft kontinuierlich auf die Lösung des Konflikts am Schluss zu.
- Einhaltung der drei Einheiten (Handlung, Ort und Zeit)
- Einteilung in drei oder fünf Akte, symmetrisches Schema nach Freytag
- Die geschlossene Form des Dramas erfüllt zwar das Kunstideal der Weimarer Klassik, wurde aber in nur wenigen Dramen tatsächlich umgesetzt.

Offenes Drama

- Das offene Drama besteht aus locker aneinandergereihten Einzelsequenzen, die nicht einmal eine festgelegte Reihenfolge haben müssen. Auch Akte sind oftmals nicht mehr vorhanden.
- Meist entwickelt sich die Handlung nicht zielgerichtet. Vielmehr wird in offenen Dramen oft ein Zustand dargestellt.
- Häufig viele Figuren, die aus unterschiedlichen sozialen Schichten stammen. Es fehlt die klare Trennung in Haupt- und Nebenfiguren.
- Die offene Form des Dramas findet man z. B. in den Werken William Shakespeares und in den Dramen des Sturm und Drang. Bekannte Beispiele sind auch Georg Büchners Dramen „Dantons Tod“ (1835) und „Woyzeck“ (1836 entstanden).

Analytisches Drama und Zieldrama

Analytisches Drama (auch Enthüllungsdrama)

- Das analytische Drama baut auf einem Ereignis auf, das bereits vor Beginn des Bühnengeschehens abgeschlossen ist. Den Zuschauern und zumindest einigen Figuren ist das konfliktauslösende Vorgeschehen nicht bekannt.
- Im analytischen Drama werden die zurückliegenden Ereignisse und deren Folgen sukzessive aufgeklärt.
- Für die Hauptfigur bahnt sich mit der Aufdeckung der Vorgeschichte eine Katastrophe an.
- Beispiele: Sophokles, „König Ödipus“ (vor 425 v. Chr.); Heinrich von Kleist, „Der zerbrochne Krug“ (1811)

Zieldrama (auch Entfaltungsdrama, synthetisches Drama)

- Die Bühnenhandlung beginnt mit einem Ereignis, das einen Konflikt auslöst. Die Entfaltung des Konflikts und seine Folgen für die Figuren sind auf der Bühne zu sehen.
- Beispiel: Friedrich Schiller, „Maria Stuart“ (1800)

Mischform aus analytischem Drama und Zieldrama

- Gotthold Ephraim Lessing, „Nathan der Weise“ (1783):
  - Als analytisches Drama: Die Enthüllung der familiären Bande bildet den Höhepunkt.
  - Als Zieldrama: Der Höhe- und Wendepunkt ist in der Ringparabel zu finden, da durch sie der Ausgleich zwischen Saladin und Nathan herbeigeführt wird.

Commedia dell'arte

- Italienische Typenkomödie des 16./17. Jahrhunderts mit standardisierten Typen und Handlungsverläufen, die in Improvisation ausgebaut und variiert werden.
- Umherziehende Berufsschauspieler, Gruppe mit etwa zwölf Mitgliedern
- Stegreifkomödie: Szenenfolge und Typen der auftretenden Figuren werden zuvor abgesprochen, nicht aber der Text.
- Typenkomödie: Komödie mit standardisierten Figuren, die nicht als Individuen dargestellt werden, sondern „typische" Merkmale haben.
- Die Typen sind durch Kostüm und Maske bekannt und erkennbar:
  - Liebespaar
  - Pantalone: geiziger Kaufmann und immer erfolgreicher Schürzenjäger aus Venedig
  - Arlecchino: geistreicher und gerissener Diener aus Bergamo
  - Capitano: prahlerischer Offizier
  - Colombina: kokette Dienerin
- Die Commedia dell'arte ist zu Beginn des 19. Jahrhunderts ausgestorben, beeinflusste aber die europäische Komödie vom 16. bis zum 18. Jahrhundert. Zum Beispiel sind die Komödien Molières davon geprägt.

Bürgerliches Trauerspiel

- In der Epoche der Aufklärung emanzipiert sich das Bürgertum und übt Kritik an der Ständegesellschaft.
- Auswirkung auf das Drama: Die traditionelle Ständeklausel wird aufgehoben. Die Hauptfiguren entstammen nun dem Bürgertum oder dem niederen Adel.
- Das bürgerliche Trauerspiel ist meist nicht in Versform, sondern in Prosa verfasst.
- Tragische Konflikte entstehen durch Spannungen zwischen der Willkür des Adels und dem unterdrückten Bürgertum:
  - Anklage der Willkür des Adels (Lessing, „Emilia Galotti", 1772)
  - Aufforderung zur Menschlichkeit (Schiller, „Kabale und Liebe", 1784)
- In Deutschland schreibt Gotthold Ephraim Lessing das erste bürgerliche Trauerspiel: „Miss Sara Sampson" (1755).
- Später wurde vor allem mit Friedrich Hebbels „Maria Magdalena" (1844) ein neuer inhaltlicher Schwerpunkt gesetzt. Jetzt werden Wertvorstellungen innerhalb des Bürgertums behandelt und in Frage gestellt.
- Beispiele: Gotthold Ephraim Lessing, „Emilia Galotti" (1772); Friedrich Schiller, „Kabale und Liebe" (1784)

Ideendrama

- Drama, in dem der Handlungsverlauf und die Figurenzeichnung einen allgemeingültigen Leitgedanken, eine „Idee" herausarbeiten sollen.

- Die Stoffe sind meist der Mythologie oder der Geschichte entlehnt.

- Um die Idee deutlicher in den Mittelpunkt zu stellen, sind die Hauptfiguren oft nicht als Charaktere ausgearbeitet, Zeit und Ort sind nicht ausführlicher beschrieben, das übrige Personal bleibt reduziert.

- „Ideen" können z. B. sein:
  - Toleranz (Gotthold Ephraim Lessing, „Nathan der Weise", 1779)
  - Humanität (Johann Wolfgang von Goethe, „Iphigenie auf Tauris", 1787)
  - Freiheit (Friedrich Schiller, „Don Carlos", 1787)

- Beispiele für moderne Ideendramen: Hugo von Hofmannsthal, „Jedermann" (1911); Jean-Paul Sartre, „Die schmutzigen Hände" (1948) oder Albert Camus, „Die Gerechten" (1949)

Historisches Drama

- Drama, das einen historischen Stoff mit historischen Figuren zum Inhalt hat und eine bestimmte Geschichtsauffassung vermittelt, die dem Autor in Bezug auf seine persönliche Gegenwart bedeutsam erscheint.

- Beispiele für Geschichtsauffassungen
  - Die Gegenwart ist eine Wiederholung der Geschichte.
  - Der Verlauf der Geschichte wird von einer schicksalhaften Macht gelenkt.
  - Der Lauf der Geschichte ist ein Fortschritt zum Guten.

- Die Vermittlung der Geschichtsauffassung verbindet sich in historischen Dramen eng mit der Frage, welche Entscheidungsfreiheiten ein Protagonist überhaupt noch hat und ob die Handlungen eines Einzelnen überhaupt Auswirkungen auf den Verlauf der Geschichte haben.

- Im Unterschied zum Dokumentartheater ist der Anspruch auf Nähe zur Realität begrenzt. Im Zentrum steht für die Autoren die Vermittlung ihrer eigenen Geschichtsauffassung.

- Johann Wolfgang von Goethes Drama „Götz von Berlichingen“ (1773) gilt als erstes deutschsprachiges historisches Drama.

- Beispiele: Friedrich Schiller, „Wallenstein“ (1800); „Wilhelm Tell“ (1804); Heinrich von Kleist, „Die Hermannsschlacht“ (1808)

Soziales Drama (Milieudrama)

- Drama, dessen Figuren durch ihre Lebensumstände (Milieu) charakterisiert sind und dessen Handlung aus diesen sozialen Umständen entspringt.

- Die Autoren wollen mit ihren Dramen gesellschaftliche Missstände aufzeigen.

- Häufig zeigen sich in der Sprache der Figuren ihr sozialer Status und ihre Bildung. Dieses Phänomen nennt man „Soziolekt".

- Viele soziale Dramen entstanden im 19. Jahrhundert unter dem Eindruck der Industrialisierung, so etwa Christian Friedrich Hebbels „Maria Magdalena" (1844) oder auch Gerhart Hauptmanns Drama „Die Weber" (1892). Letzteres ist das einzige Drama, das den Untertitel „Soziales Drama" trägt.

- Als Vorläufer des modernen sozialen Dramas gilt Georg Büchners „Woyzeck" (1836):
  - Das Leben in einem sozial schwachen Milieu beeinflusst nicht nur die Beziehung zwischen Woyzeck und Marie, sondern z. B. auch seine Bildung.
  - Die Sprache zeigt die unterschiedlichen Bildungsniveaus der Figuren: kurze, elliptische Sätze oder gar Verstummen gegen elaboriertes Sprechen; Dialekt gegen Fachsprache.

Episches Theater

- Als Gegensatz zum traditionellen aristotelischen Drama von Bertolt Brecht in den 1920er Jahren erarbeitet.

- Als überzeugter Marxist wollte Bertolt Brecht mit seinen Dramen die Gesellschaft verändern. Die Zuschauer sollen als Antwort auf seine Werke ihre politische Einstellung überdenken und etwas an den sozialen Verhältnissen ändern.

- Furcht und Mitleid des Zuschauers mit den Figuren (klassisch-aristotelisches Drama) will Brecht durch eine kritische Distanz zur Bühnenhandlung ersetzen. Die Zuschauer sollen sich auf keinen Fall mit den Bühnenfiguren identifizieren.

- Mittel, um kritische Distanz zu erreichen:
  - Verfremdungseffekt (V-Effekt): Dem Zuschauer wird Alltägliches so präsentiert, als ob es fremd sei.
  - Montagetechnik: Unterbrechung durch Songs, kritische Kommentare eines Erzählers, einen Prolog, die Verwendung von Spruchbändern

- Brecht nennt seine Theatertheorie „episch“, weil das Bühnengeschehen durch einen Erzähler unterbrochen und kommentiert wird.

- Bertolt Brechts Werke des epischen Theaters sind als offene Dramen verfasst:
  - Lockere Reihung von selbstständigen Einzelszenen
  - Offener Schluss; die Zuschauer sollen aufgeworfene Fragen selbst beantworten.

- Beispiele: Bertolt Brecht, „Mutter Courage“ (1941), „Der gute Mensch von Sezuan“ (1953)

Absurdes Theater/Theater des Absurden

- Das Absurde Theater ist um 1950 als Reaktion auf eine – nach dem 2. Weltkrieg – als sinnentleert und „absurd" empfundene Welt entstanden.

- Absurdes Theater ist eigentlich philosophisches Theater: Sinnlosigkeit, existenzielle Ängste, Zwangsvorstellungen und Wahnbilder prägen die Figuren und werden zum Thema des absurden Theaters.

- Die Figuren scheinen keine Menschen mehr zu sein, sondern sinnlos handelnde Marionetten.

- Die klassischen Kategorien von Zeit, Ort und Handlung sind aufgehoben: Es gibt keine messbare Zeit, der Ort ist ein imaginärer Ort, es gibt keine logisch fortschreitende Handlung.

- Die Sprache ist kein Kommunikationsmittel mehr. Die Figuren reden aneinander vorbei, sie werden nicht verstanden, reden ins Leere. Dies zeigt die Entfremdung des Menschen von der Umwelt, den Mitmenschen und sich selbst.

- Das Bühnengeschehen hat den Charakter einer Parabel, mit der das Menschsein in heutiger Zeit dargestellt werden soll.

- In Deutschland gibt es nur wenige Autoren, die sich vom absurden Theater haben inspirieren lassen: z. B. Günter Grass, Wolfgang Hildesheimer, Peter Handke.

- Beispiele: Samuel Beckett, „Warten auf Godot" (1953); Eugène Ionescu, „Die kahle Sängerin" (1950)

Dokumentartheater

- Moderne Form des Theaters, bei der viel dokumentarisches Material verwertet wird, um größtmögliche Glaubhaftigkeit zu erlangen.
- Der Handlungsverlauf basiert auf der Dokumentation von Tatsachen, auf Akten, Protokollen und zeitgenössischen Presseberichten. Es können auch Filmszenen oder Fotos eingeblendet bzw. Tonbänder und authentische Zeugenaussagen abgespielt werden.
- Die Autoren erheben den Anspruch, dass das authentische Material nicht verfälscht wird, erlauben sich aber, es künstlerisch zu bearbeiten. Zum Beispiel kann eine Figurenrede zum Teil aus authentischen Texten bestehen, die mittels der Methode der Montage nahtlos in einen fiktiven Text integriert werden.
- Oftmals werden das dokumentarische Material und seine Bewertung in Form einer Gerichtsverhandlung dargestellt.
- Ziele: Nähe zur Wirklichkeit, Glaubwürdigkeit, Veränderung der Gesellschaft
- Der Unterschied zu den meisten Geschichtsdramen ist der Anspruch auf Nähe zur Realität.
- Als frühe Form des Dokumentartheaters gilt Georg Büchners Drama „Dantons Tod“ (1835).
- Besonders populär wurde das Dokumentartheater in den 1960er Jahren, als es zur Aufarbeitung der Zeitgeschichte diente: Rolf Hochhuth, „Der Stellvertreter“ (1963); Peter Weiss, „Die Ermittlung“ (1965).

Lyrik (Merkmale)

- Lyrik ist neben Dramatik und Epik eine der drei grundlegenden Gattungen der Literatur. Lyrik nannte man ursprünglich den kultischen Gesang zur „Lyra", einem antiken griechischen Saiteninstrument.

- Ein lyrisches Werk wird Gedicht genannt.

- Folgende Merkmale können Gedichte kennzeichnen:
  - Der Inhalt ist verdichtet, d. h. komprimiert. Die Worte sind konzentriert auf ihren Bedeutungsgehalt und das, was man mit ihnen assoziiert.
  - Gedichte sind in der Regel formal besonders ausgearbeitet (Vers-, Reim-, Strophenstruktur, Metrik, Wortklang, rhythmische Struktur).
  - Anders als in der Prosa spricht in der Lyrik nicht ein Erzähler, sondern üblicherweise ein lyrisches Ich zum Leser oder Hörer.

- Die Sprache in Gedichten nennt man gebundene Sprache, weil sie abhängig von metrischen Regeln ist. Man spricht bei gebundener Sprache von Vers und Strophe, bei ungebundener Sprache von Zeile und Abschnitt.

Lyrisches Ich

- Als lyrisches Ich wird die in einem Gedicht aufscheinende „Stimme“ bezeichnet. Sie ist üblicherweise nicht mit dem Autor gleichzusetzen.

- Der Begriff wurde erstmals 1910 von der Dichterin Margarete Susmann verwendet.

- Das lyrische Ich bzw. ein Sprecher kann auf verschiedene Weisen in Erscheinung treten:
  - Explizites lyrisches Ich: Das Personalpronomen „Ich“ oder ein anderes Pronomen in der ersten Person Singular taucht im Gedicht auf.
  - In der ersten Person Plural („wir“) kann der Sprecher auch Teil einer Gruppe sein.
  - Implizites lyrisches Ich: Die Personalpronomina fehlen, doch indirekt kann der Lesende auf ein lyrisches Ich schließen. Es kann sich z. B. in der Anrede einer weiteren Figur oder des Lesers („du“ oder „ihr“) verbergen.
  - Wenn ein lyrisches Ich nicht erkennbar ist, spricht man von einem verdeckten Sprecher.

Reim

- Der Reim bezeichnet den Gleichklang zweier oder mehrerer Wörter ab ihrem letzten betonten Vokal, z. B. fr-ágen, pl-ágen.

- Je nach Position unterscheidet man
  - Anfangsreim: Wörter am Anfang zweier oder mehrerer Verse reimen sich.
  - Binnenreim: Zwei oder mehr Wörter innerhalb eines Verses reimen sich (z. B.: wer L*ei*den unbedingt verm*ei*den will).
  - Schlagreim: Zwei unmittelbar aufeinanderfolgende Wörter reimen sich (z. B.: wer L*ei*den verm*ei*den will).
  - Endreim: Wörter am Ende zweier oder mehrerer Verse reimen sich.

- Reimfolgen beim Endreim
  - Paarreim (aa bb cc)
  - Kreuzreim (abab cdcd)
  - Umarmende Reime (abba cddc)
  - Schweifreime (aabccb)
  - Verschränkte Reime (abc abc)
  - Haufenreim (aaaa)

- Weiterhin unterscheidet man folgende Reime:
  - Identischer Reim: Dieselben Wörter reimen miteinander.
  - Reiner Reim: Vom letzten Vokal an klingen die Wörter gleich: Tisch – Fisch, Rahmen – kamen.
  - Unreiner Reim: Vom letzten Vokal an stimmen nicht alle Laute überein: wiegen – sieben, rast – Hast (langer und kurzer Vokal).
  - Waise: Reimloser Vers innerhalb eines Gedichts, das sich ansonsten reimt.

Versfuß

- Grundeinheit, die aus einer bestimmte Zahl von Silben besteht, die in einer festgelegten Reihenfolge betont (= Hebung) oder unbetont (= Senkung) sind.

- Die Einteilung der Versfüße stammt aus dem Altgriechischen. Im Griechischen und Lateinischen spricht man von Längen und Kürzen, im Deutschen und Englischen dagegen von Hebungen und Senkungen.

- In Gedichten gilt die Betonung der Alltagssprache.

- Die am häufigsten auftretenden Versfüße sind:
  - Jambus: xx́ (Senkung, Hebung)
    z. B. Verstánd, verrǘckt, genáu
    Wirkung: vorantreibend, dynamisch, wird gern verglichen mit einem galoppierenden Pferd.
  - Trochäus: x́x (Hebung, Senkung)
    z. B. Hímmel, Schö́nheit, Fréude
    Wirkung: gemäßigt, schwingend, in sich ruhend.
  - Daktylus: x́xx (Hebung, Senkung, Senkung)
    z. B. wúnderbar, Áchterbahn, Dáktylus
    Wirkung: Wellenbewegung, tänzerisch (erinnert an den Dreivierteltakt des Walzers), beschwingt.
  - Anapäst: xxx́ (Senkung, Senkung, Hebung)
    z. B. Harmoníé, Sinfoníé, Anapä́st
    Wirkung: vorwärtsdrängend, wird gern verwendet in Marsch-, Schlacht- und Prozessionsliedern.

Versmaß (Metrum)

- Die regelmäßige Anordnung von Versfüßen bezeichnet man als Versmaß oder auch Metrum.

- Einige Versmaße bilden feste Versformen. Besonders wichtig sind:
  - **Alexandriner**: sechshebiger Jambus mit Zäsur (= kurze Pause innerhalb eines Verses) nach der dritten Hebung.

    xx́xx́xx́|xx́xx́xx́

    Häufig benutzte Versform im Barock, da die Zäsur eine Antithetik unterstreicht.
  - **Blankvers**: fünfhebiger Jambus ohne Endreim.

    xx́xx́xx́xx́xx́

    Sehr häufig im klassischen Drama zu finden.
  - **Knittelvers**: vierhebiger (jambischer) Vers mit Endreim.

    xx́xx́xx́xx́

    Deutsche Volksdichtung seit dem 15. Jahrhundert.
  - **Distichon**: Besteht aus zwei daktylischen Versformen, dem Hexameter (sechshebiger Daktylus) und dem Pentameter (sechshebiger Daktylus; nach der dritten betonten Silbe folgt eine weitere betonte Silbe).

    x́xx́xxx́xx́xx́xxx́x (Hexameter)

    x́xx́xxx́x́xxx́xxx́ (Pentameter)

    Versform des antiken Epigramms. Aber auch in der Klassik beispielsweise von Goethe in den „Römischen Elegien" (1786–1788) verwendet.

Auftakt und Kadenz

Auftakt

- Beginn des Verses mit einer oder mehreren unbetonten Silben, die vor der ersten Hebung eines Verses liegen.

- Beispiel: *Auf* bráunen Sámmetschúhen géht
  der Ábend dúrch das mǘde Lánd.
  (Christian Morgenstern, 1871–1914, „Der Abend")

Kadenz

- Die Kadenz beschreibt, wie das Versende gestaltet ist.

- Man unterscheidet folgende Kadenzen:
  - Männliche Kadenz: Ende auf einer betonten Silbe (gróß – Lós, míld – wíld).
    Die männliche Kadenz wird auch stumpfe Kadenz genannt.
    Durch die männliche Kadenz entsteht eine Pause beim Zeilenwechsel, die manchmal auch mit inhaltlichen Sinnabschnitten verbunden ist.
  - Weibliche Kadenz: Ende auf einer unbetonten Silbe (líndern – míndern, schmíegen – wíegen).
    Die weibliche Kadenz nennt man auch klingend.
  - Reiche Kadenz: Der Vers endet auf mehreren unbetonten Silben (stérblichen – síngenden).
    Man nennt sie auch gleitende Kadenz.

Zeilenstil und Enjambement

Zeilenstil

- Das Ende eines Satzes oder einer Sinneinheit fällt mit dem Versende zusammen.
- Wirkung: geordnet, klar, abgehackt
- Beispiel: Guten Abend, gut‘ Nacht
  mit Rosen bedacht
  mit Näglein besteckt
  schlupf unter die Deck
  (Volkspoesie, seit Beginn des 19. Jahrhunderts bekannt)

Enjambement (= Zeilensprung)

- Die Satz- oder Sinneinheit fällt nicht mit dem Versende zusammen, sondern „springt" in den nächsten Vers über.
- Wirkung: flüssig, belebend
- Beispiel: Komm, lieber Mai, und mache
  die Bäume wieder grün!
  Und lass mir an dem Bache
  die kleinen Veilchen blühn.
  (Christian Adolph Overbeck, 1755–1821)

Rhythmus und freie Rhythmen

Rhythmus

- Der Rhythmus eines Gedichts entsteht beim Vortrag und hängt eng mit der Interpretation des Textes durch den Vortragenden zusammen. Er bestimmt Betonungen, Pausen und das Sprechtempo so, dass der Inhalt bestmöglich herausgestellt wird.
- Weiterhin hängt der Rhythmus eng mit Merkmalen wie z. B. Versmaß, Reim, Enjambements, Zäsuren, Kadenzen und natürlicher Betonung der Wörter zusammen.
- Der Rhythmus steht in einem Spannungsverhältnis zum Versmaß. Wenn ein Gedicht nur nach dem Versmaß betont wird, wirkt es „heruntergeleiert".
- Je nach dem Gesamtverständnis des Vortragenden kann ein Gedicht unterschiedlich rhythmisiert werden.
- Ein Rhythmus kann z. B. folgendermaßen beschrieben werden: lebhaft, vorwärtsdrängend, fließend, schreitend, gestaut, stockend, zerhackt, verhalten, ruhig.

Freie Rhythmen

- Freie Rhythmen nennt man Verse, die sich nicht reimen, keinem metrischen Schema entsprechen und keine feste Strophengliederung besitzen.
- Sie sind dennoch der Lyrik und nicht der Prosa zuzuordnen: Die Sprache ist verdichtet, die Verse sind formal hervorgehoben und es gibt keinen vermittelnden Erzähler.
- Friedrich Gottlieb Klopstock verfasste als erster Lyrik in freien Rhythmen (z. B. „Die Frühlingsfeier", 1771).

Strophe und Strophenformen

Strophe

- Strophen bestehen aus mindestens zwei Versen, die äußerlich sichtbar zusammengehören und oft ähnliche Besonderheiten in Versmaß, Reimschema oder Rhythmus aufweisen. Strophen können auch inhaltlich eine Einheit bilden. Sie gliedern ein Gedicht und spielen deshalb für die Interpretation eine Rolle.

- Wenn ein Satz in der nächsten Strophe fortgesetzt wird, spricht man von einem Strophensprung oder Strophenenjambement.

- Man kann auch von Abschnitten statt von Strophen sprechen, wenn sich keine durchgehenden Merkmale finden (v. a. in der modernen Lyrik).

Wichtige Strophenformen

- Chevy-Chase-Strophe: Strophenmaß der engl.- schottischen Volksballade, das seit dem 18. Jh. auch in der deutschen Balladendichtung auftaucht: vier jambische, im Wechsel drei- und vierhebige Verse, männliche Kadenzen, Reim des 2. und 4. Verses.

- Distichon: antikes Strophenmaß, das aus einem Hexameter und einem Pentameter besteht.

- Stanze: In der deutschen Lyrik findet man Stanzen (eigentlich eine italienische Strophenform) seit dem 17. Jahrhundert: acht Verse, fünfhebiger Jambus, Reimschema ab ab ab cc.

- Volksliedstrophe: relativ einfach und regelmäßig gebaut, oft vier Verse, häufig im Jambus, einfaches Reimschema.

Sprachliche Bilder (Vergleich, Metapher)

Vergleich

- Zwischen zwei Bedeutungsbereichen besteht eine Gemeinsamkeit, das sogenannte Tertium Comparationis (Vergleichspunkt): „Schneewittchens Haar ist so *schwarz* wie Ebenholz".

- Die Bedeutungsbereiche werden durch ein Vergleichswort „(so –) wie" verknüpft.

Metapher

- Die Metapher ist laut Quintilian ein verkürzter Vergleich ohne das Vergleichswort „(so –) wie".
  - Vergleich: Er ist stark wie ein Bär.
  - Metapher: Er ist bärenstark.

- Metaphern kommen im alltäglichen Sprachgebrauch häufig vor, z. B. „Flussarm", „faule Ausrede", „jemandem das Herz brechen". Diese Metaphern werden unbewusst benutzt.

- In Gedichten sind Metaphern oft schwieriger zu verstehen als in der Alltagssprache. Hilfreich ist ein Spiel mit Assoziationen und die Suche nach dem unausgesprochenen Tertium Comparationis.

Sprachliche Bilder (Chiffre, Personifikation, Symbol)

Chiffre

- Chiffren sind Wörter, die vom Autor mit ganz eigenen, individuellen Bedeutungen versehen, also verschlüsselt werden. Die neue Bedeutung kann vom Leser nicht ohne Weiteres erschlossen werden. Manchmal helfen der Kontext oder die Kenntnis anderer Werke des Autors bei der Entschlüsselung.

- Chiffren findet man vor allem in der modernen Lyrik, z. B. bei Georg Trakl (1887–1914) oder Gottfried Benn (1886–1956).

Personifikation

- Abstrakte Begriffe, Erscheinungen der Natur oder Objekte werden so dargestellt, als hätten sie menschliche Eigenschaften oder Fähigkeiten („Die Sonne lacht.“).

Symbol

- In der Antike bezeichnete man als Symbol einen Gegenstand, anhand dessen sich zwei Personen (wieder)erkennen konnten, z. B. zusammenpassende Hälften einer Tonscherbe.

- Später versteht man unter einem Symbol ein Bild, das als konkretes Zeichen auf etwas Abstraktes hinweist, z. B. das Kreuz auf das Christentum, die Taube auf die Idee des Friedens.

- Symbole können von Kultur zu Kultur unterschiedliche Bedeutungen haben (z. B. die Symbolik der Farbe Weiß), was unter Umständen zu Missverständnissen führt.

Wortfiguren

Akkumulation

- Ansammlung untergeordneter Begriffe zu einem oft nicht genannten Oberbegriff, um mehr Anschaulichkeit zu erreichen („Die Kinder plantschen, schwimmen und tauchen.“).

Klimax

- (Meist dreigliedrige) Steigerung: „süß, süßer, am süßesten“; „Bronze, Silber, Gold“. Gegensatz ist die Antiklimax: „Paläste, Häuser, Hütten“.

Oxymoron

- Zwei Ausdrücke, die sich widersprechen (z. B. „Hassliebe“, „virtuelle Realität“, „süßsauer“). Jedes Oxymoron kann auch als Antithese gelesen werden.

Pleonasmus

- Ergänzung zu einem Wort oder einer Redewendung, die zunächst unnötig erscheint. Entweder ist ein Pleonasmus wirklich ein Fehler („bunte Farben“, „Zukunftsprognose“) oder aber er akzentuiert die Aussage durch die inhaltliche Wiederholung („schlussendlich“, „stillschweigend“).

Satzfiguren

Asyndeton

- Reihung gleichgeordneter Wörter, Wortgruppen oder Satzglieder ohne eine Konjunktion („Glaube, Liebe, Hoffnung"). Der Gegensatz ist das Polysyndeton: Verbindung mehrerer Wörter oder Wortgruppen durch dieselbe Konjunktion („Sie konnte es riechen *und* schmecken *und* fühlen.").

Chiasmus

- Überkreuzstellung von Satzgliedern nach dem Schema ab – ba („Was dieser heute baut, reißt jener morgen ein."). Mit dem Chiasmus wird der Kontrast der Aussagen betont.

Ellipse

- Wegfall von Satzgliedern, die für das Verständnis einer Aussage nicht dringend nötig sind. Die Ellipse drückt oft große Erregung aus („Wie? Du hier?").

Inversion

- Die Wortstellung im Satz ändert sich so, dass das zu betonende Wort an die erste Stelle rückt. („*Für dich* ist dieses Geschenk!")

Parallelismus

- Wiederholung gleicher syntaktischer Strukturen („Jan muss schlafen. Pascal will feiern.").
- Der Parallelismus wird verstärkt, wenn er mit Stilmitteln wie Antithese, Klimax oder Anapher auftritt.

Gedankenfiguren

Antithese

- Zusammenprall von Gegensätzen in Wörtern, Wortgruppen oder ganzen Sätzen („Aufgeregt schreit sie. Er schweigt still.").
- Wenn der Gegensatz noch verstärkt werden soll, ist die Antithese häufig verknüpft mit anderen rhetorischen Stilmitteln wie der Alliteration, dem Parallelismus oder dem Chiasmus.

Hyperbel

- Übertreibung, mit der eine Aussage besonders betont oder veranschaulicht werden soll („Das habe ich dir schon tausendmal gesagt!").

Paradoxon

- Scheinbar widersprüchliche Behauptung, darin der Antithese ähnlich. Im Gegensatz zu dieser gelangt man über ein Paradoxon aber zu einer tieferen Erkenntnis des Sachverhalts („Weniger ist mehr." „Das einzig Beständige ist die Veränderung.").
- Das Paradoxon macht die Aussage rätselhaft, was dazu anregt, sich über den verborgenen Sinn Gedanken zu machen.

Rhetorische Frage

- Auf eine rhetorische Frage wird keine Antwort erwartet, weil diese sich aus der Frage selbst ergibt. Sie ist eine Form der Beeinflussung, da der Fragende häufig nur Einvernehmen mit dem Gegenüber herstellen will („Wer will denn schon im November ans Meer fahren?").

Klangfiguren

Alliteration

- Wiederholung der Anfangsbuchstaben benachbarter Wörter („Die Wellen wiegen das Schiff"; „Milch macht müde Männer munter.").
- Die Alliteration kann auch eine inhaltliche Verbindung zwischen Begriffen schaffen oder einen lautmalerischen Effekt haben.

Anapher

- Am Beginn aufeinanderfolgender Sätze, Teilsätze oder Verse wird ein Wort oder eine Wortgruppe wiederholt („Der Sommer kommt./Der Sommer geht."). Der Gegensatz ist die Epipher: Wiederholung am Ende.

Assonanz

- Vokale in zwei oder mehreren Wörtern klingen ähnlich, womit bestimmte Stimmungen hervorgerufen werden können („bedrohliche Wolken").

Figura etymologica

- Wörter, die den gleichen Wortstamm haben, aber verschiedenen Wortarten angehören, werden syntaktisch verbunden („Sie lebt ihr eigenes Leben.").

Lautmalerei (Onomatopoesie)

- Mit Sprache wird ein Laut nachgeahmt, z. B. ein Tierlaut, ein Geräusch aus der Natur, maschinelle Geräusche („Miau", „Bienen summen", „rums", „peng").

Erlebnislyrik

- Ein Gedicht scheint eine Erinnerung des Autors an ein tatsächliches Erlebnis zu sein. Es ist so gestaltet, dass Leser bzw. Hörer das Erlebnis gewissermaßen nachempfinden können.

- Besonders häufig findet man Erlebnislyrik im Sturm und Drang, in der Klassik und Romantik, denn zu diesen Zeiten versuchte man, das individuelle Erleben und das Verhältnis des Menschen zur Welt darzustellen.

- Ein bekanntes Beispiel für Erlebnislyrik ist das Gedicht „Willkommen und Abschied" (1771) von Johann Wolfgang von Goethe aus der Epoche des Sturm und Drang:
  - Es werden Erlebnisse und Gefühle des lyrischen Ichs während eines nächtlichen Treffens mit einer Geliebten dargestellt.
  - Bildhaftigkeit (v. a. Naturbilder) und formale Merkmale (z. B. der Jambus) unterstreichen die Stimmung des lyrischen Ichs, so dass die Leser die Begebenheit nacherleben können.

- Wichtige Themen der Erlebnislyrik sind Liebe, Familie, Verlust des Ichs und Naturerfahrungen.
  - Beispiele: Johann Wolfgang von Goethe, „Willkommen und Abschied" (1771); Josef von Eichendorff, „Sehnsucht" (1837)

Gedankenlyrik

- Gedankenlyrik ist Dichtung, die sich mit philosophischen, theologischen oder im weiteren Sinne weltanschaulichen Themen beschäftigt. Sie kommt vor allem in der deutschen Lyrik vor.

- Gedankenlyrik aus dem Mittelalter und der Epoche der Aufklärung hat oft belehrenden Charakter (z. B. Walther von der Vogelweide).

- Ein bekanntes Beispiel für Gedankenlyrik ist das Sonett „Es ist alles eitel" (1637) von Andreas Gryphius aus der Epoche des Barock.
  - Der Titel stammt aus dem Alten Testament, wird aber von Gryphius auf seine Gegenwart, den Dreißigjährigen Krieg, bezogen.
  - Das Sonett zeigt das Schwanken des Menschen zwischen den Antithesen Weltbejahung und Weltflucht, zwischen Diesseits und Jenseits, zwischen Vergänglichkeit und Unendlichkeit.

- Auch die philosophische Lyrik Friedrich Schillers aus der Epoche der Weimarer Klassik zählt zur Gedankenlyrik: „Die Götter Griechenlands" (1788), „Der Spaziergang" (1795).

- Bedeutende Vertreter der deutschen Gedankenlyrik waren weiterhin z. B. Friedrich Hölderlin, Franz Grillparzer, Rainer Maria Rilke.

Rollenlyrik

- Die Rollenlyrik ist ein lyrischer Monolog, in dem aus einer Rolle heraus (z. B. ein Liebender, ein junges Mädchen, ein Wanderer) gesprochen wird.

- Die Rolle, die der Sprecher einnimmt, zeigt sich meist bereits im Titel des Gedichts: Eduard Mörike, „Das verlassene Mägdlein" (1829); Clemens Brentano, „Der Spinnerin Nachtlied" (1802).

- Auch der Minnesang des Mittelalters wird als Rollenlyrik, nicht als Erlebnislyrik gedeutet, denn man nimmt an, dass der Dichter ein Rollenspiel zwischen sich selbst als Sänger und der begehrten, aber unerreichbaren adligen Dame darstellt.

- Rollenlyrik ist in der Schäferdichtung des Barock und im Volkslied zu finden. Doch auch in der Gegenwart gibt es Beispiele: Bertolt Brecht, „Als ich nachher von dir ging" (1950).

- Weitere Beispiele: Ludwig Uhland, „Des Knaben Berglied" (1806); Johann Wolfgang von Goethe, „Wandrers Nachtlied" (1815)

Dinggedicht

- Diese Form der Lyrik kommt erst im 19. und 20. Jahrhundert auf.
- Im Zentrum eines Dinggedichts steht ein „Ding“.
- „Dinge“ sind in diesem Zusammenhang Objekte, die nicht sprechen können, also z. B. Gebrauchsgegenstände des Alltags, Kunstwerke oder große Bauten, aber auch Lebewesen wie Tiere oder Pflanzen.
- Typisch ist die distanzierte und sehr genaue Beschreibung des Objekts durch einen (scheinbar) neutralen Sprecher. Es werden keine subjektiven Empfindungen eines lyrischen Ichs wiedergegeben.
- Die Beschreibung oder Deutung des „Dings“ soll allgemeingültig sein und das Wesen des „Dings“ zeigen.
- Bekannte Beispiele: Eduard Mörike, „Auf eine Lampe“ (1846); Conrad Ferdinand Meyer, „Der römische Brunnen“ (1882); Rainer Maria Rilke, „Der Panther“ (1903), „Das Karussell“ (1906)

Moderne Lyrik

- Von moderner Lyrik spricht die Literaturwissenschaft seit der Mitte des 19. Jahrhunderts. Wegbereiter war der französische Dichter Charles Baudelaire mit dem Gedichtband „Die Blumen des Bösen" aus dem Jahr 1857.

- Die Autoren moderner Lyrik stehen unter dem Eindruck der immer komplexer werdenden modernen Welt. Für dieses Gefühl finden sie verschiedene Ausdrucksformen.
    - Absolute Dichtung: Die Autoren stellen die Form in den Mittelpunkt der Dichtung, der Inhalt tritt an die zweite Stelle.
    - Politische Dichtung: Autoren wollen sich der komplexer werdenden Welt stellen und beziehen Position. Einer der bekanntesten Vertreter ist Bertolt Brecht.
    - Verfremdung als typisches Element der Sprache in moderner Lyrik: Die alltägliche Kommunikation soll verändert und so bewusst gemacht werden. Wichtige sprachliche Mittel sind das Symbol, der Vergleich, die Metapher, die Chiffre und die Montage. Beispiele sind Rainer Maria Rilke, „Die Gazelle" (1907) oder Gottfried Benn, „Chaos" (1923).
    - Das Spiel mit der Sprache: Manchmal werden syntaktische Regeln einfach ignoriert, es kann aber auch eine ganz neue Sprache erfunden werden wie z. B. in Christian Morgensterns Gedicht „Das große Lalula" (1905).

- Formal sind freie Verse typisch für moderne Lyrik. Dennoch werden auch weiterhin sogar streng reglementierte Formen – wie z. B. das Sonett – benutzt.

Lied

- Gemeinsam ist allen Liedern ihre Sangbarkeit: Meist sind sie gereimt, sie bestehen aus mehreren Strophen und haben oft einen Refrain.

- Volkslied
  - Der Begriff „Volkslied" geht auf Johann Gottfried Herder zurück, der seine Volksliedsammlung „Stimmen der Völker in Liedern" (begonnen 1770, erschienen 1778) nannte.
  - Bezeichnung für einfache Lieder, die im Volk viele Jahre überliefert und dementsprechend vielfach verändert wurden.
  - Volksliedstrophe: relativ einfach und regelmäßig gebaut, oft vier Verse, häufig im Jambus, einfaches Reimschema.
  - In der Romantik wurde das Volkslied hochgeschätzt. Es entstanden große Sammlungen, bekannt ist v. a. Achim von Arnims und Clemens Brentanos Sammlung „Des Knaben Wunderhorn" (1806–08).

- Kunstlied
  - Kunstlieder sind Gedichte, die bewusst dem Volkslied nachempfunden sind.
  - Kunstlieder sind oft im Laufe der Zeit zu Volksliedern geworden, z. B. Johann Wolfgang von Goethe, „Heidenröslein" (1771); Matthias Claudius, „Abendlied" (ca. 1778).

Ballade

- Die Ballade wurde von Goethe als das „Ur-Ei" der Dichtung bezeichnet, da sie wichtige Merkmale der drei Grundgattungen der Dichtung verbindet:
  - Epik: eine handlungsreiche Geschichte; durch einen Erzähler vermittelt
  - Dramatik: Dialoge und die dramatische Zuspitzung des Geschehens
  - Lyrik: Gliederung in Verse und Strophen, Reim, Versmaß, oft Refrain
- Die mündlich überlieferte **Volksballade** erreichte im 15./16. Jh. ihre Blütezeit. In ihr wurden ähnlich der Moritat bemerkenswerte oder wundersame Inhalte präsentiert.
- **Kunstballaden** entstanden ab dem 18. Jahrhundert, als Dichter wie Gottfried August Bürger („Leonore", 1773) und wenig später Johann Wolfgang von Goethe und Friedrich Schiller die Ballade weiter ausgestalteten („Balladenjahr" 1797).
- Gegen Ende des 19. und im 20. Jahrhundert verlor die Ballade in ihrer ursprünglichen Form an Bedeutung. Sie kann aber als Vorläufer des Protestsongs, des Chansons und der politischen Ballade gesehen werden.
- Beispiele: Johann Wolfgang von Goethe, „Erlkönig" (1782); Friedrich Schiller, „Die Bürgschaft" (1802); Heinrich Heine, „Belsazar" (1820)

Bänkelsang

- Im 17. Jahrhundert aus der Volksballade entstandenes erzählendes Lied.
- Umherziehende Bänkelsänger (benannt nach der kleinen Bank, auf der der Sänger stand) sangen auf Jahrmärkten und Messen zu bekannten Melodien von aktuellen, gruseligen, rührseligen oder einfach außergewöhnlichen Begebenheiten.
- Typisch für Bänkelsänger waren Musikbegleitung (Laute, Violine oder Drehorgel) und Leinwände mit Bildern, auf die sie mit einem Stock zeigen konnten, um ihre Erzählung anschaulicher zu gestalten.
- Vorgetragen wurden vor allem Moritaten. Die Inhalte dieser Lieder stammten aus Nachrichtenblättern oder von Erzählungen, die die Sänger während ihrer Reisen gehört hatten.
- Die Lieder der Bänkelsänger waren in Sprache, Rhythmus und Reim einfach gehalten, um die Zuhörerschaft anzusprechen. Am Ende des Liedes stand eine meist schlichte Moral.
- Mitte des 18. Jahrhunderts interessierten sich die Romantiker für volkstümliche Kunst, also auch für den Bänkelsang. Kunstballaden weisen Motive aus dem Bänkelsang auf.
- Im 20. Jahrhundert wurde der Bänkelsang v. a. durch Bertolt Brechts „Moritat von Mackie Messer" in der Dreigroschenoper (1928) wieder bekannt.

Elegie

- Die Elegie in der Antike war ein Klagegedicht, das in Distichen (dem sogenannten „elegischen Versmaß“) verfasst war. Typische Themen waren Tod, Krankheit, Liebesleid, Abschied, Trennung, Sehnsucht und Erinnerung.

- Im Barock wurde das Distichon von Martin Opitz durch den sogenannten „elegischen Alexandriner“ ersetzt, die typischen Themen aber blieben erhalten.

- Johann Wolfgang von Goethe orientierte sich in der Weimarer Klassik wieder an der Antike und verfasste seine „Römische Elegien“ (1795 veröffentlicht) deshalb in Distichen: Ein lyrisches Ich beklagt seine unglückliche Liebe zu einer unbenannten Dame.

- Friedrich Schiller befasste sich in der Epoche der Weimarer Klassik ebenso mit der Elegie. Er wollte sie zunächst einmal definieren, um sie von anderen Gedichtformen zu unterscheiden. Für ihn sind Elegien ausformulierte Klagen über den Widerspruch zwischen Natur und Kunst, Ideal und Wirklichkeit („Über naive und sentimentalische Dichtung“, 1800).

- Meilenstein der deutschen Elegiendichtung: Friedrich Hölderlin, z. B. die Liebeselegie „Menons Klage um Diotima“ (1802/03).

- In der modernen Lyrik ist die Elegie seltener, sie ist aber z. B. noch zu finden bei Rainer Maria Rilke, Bertolt Brecht, Gottfried Benn und Paul Celan.

Epigramm

- In einem Epigramm wird eine kluge, denkwürdige oder überraschende Aussage gemacht. Synonym wird der Begriff „Sinngedicht“ gebraucht.

- In der Antike waren Epigramme oft als Inschriften an Monumenten, Grabsteinen oder Opfergaben angebracht. Epigramme waren in dieser Zeit meist als Distichon formuliert.

- Am berühmtesten ist wohl die Grabinschrift für die spartanischen Thermopylenkämpfer des Jahres 480 v. Chr.:
  Wanderer, kommst du nach Sparta, verkündige dorten, du habest uns hier liegen gesehen, wie das Gesetz es befahl.

- Der römische Dichter Martial weitete das Epigramm inhaltlich aus: Es wurde zu einem scharfsinnigen, verspottenden, witzigen Angriff auf eine Person, eine Mode der Zeit, eine politische Entwicklung –, also zur Satire.

- Das Epigramm eignete sich aufgrund seiner äußeren Form gut, um das antithetische Lebensgefühl des Barock wiederzugeben, z. B. bei Angelus Silesius, Martin Opitz und Andreas Gryphius.

- Gotthold Ephraim Lessing bestimmte die Erwartung und die überraschende Lösung als typische Elemente des Epigramms.

- Johann Wolfgang von Goethe und Friedrich Schiller verfassten ihre polemischen „Xenien“ (1796) als Epigramme.

- In der modernen Literatur findet man kaum noch Epigramme.

Hymne

- Hymnen sind ursprünglich Lob- und Preisgesänge, die schon in Ägypten (Sonnenhymnus des Echnaton, 14. Jh. v. Chr.), in den Psalmen des Alten Testaments und im antiken Griechenland auftauchen.

- Die Hymne war im Mittelalter v. a. im christlichen Bereich geschätzt und wurde dort zu einem festen Bestandteil der Liturgie.

- Seit dem 18. Jahrhundert ist sie nicht mehr an einen religiösen Hintergrund gebunden. Ihre Thematik weitet sich aus, z. B. auf das Lob der Tugenden, der Freundschaft, der Natur, des Gefühls, der Freiheit oder des Vaterlands. Seitdem ist die Hymne kaum mehr von der Ode zu unterscheiden.

- Friedrich Gottlieb Klopstock verfasste seine Hymnen (z. B. „Die Frühlingsfeier“, 1771) in freien Rhythmen und war so Beispiel für viele folgende Dichter.

- Eine Blütezeit der Hymnendichtung war die Epoche des Sturm und Drang, vor allem mit den Werken von Johann Wolfgang von Goethe („Mahomets Gesang“, 1772/73; „An Schwager Kronos“, 1774; „Prometheus“, 1774; „Ganymed“, 1774) und Friedrich Schiller („Triumph der Liebe“, 1781).

- Die Hymne ist in der modernen Lyrik kaum zu finden. Eine Ausnahme ist Ingeborg Bachmanns Hymnus „An die Sonne“ (1956).

Ode

- Ode war in der griechischen Antike die Bezeichnung für eine Dichtung, die in Strophen unterteilt ist und musikalisch untermalt wird, z. B. die Chorlieder in der Tragödie.

- Im 18. Jahrhundert definierte man die Ode, um sie vom Lied und der Hymne abzugrenzen, genauer:
  - Gliederung in Verse und Strophen,
  - metrisch gebundene Form,
  - meist ohne Reime (v. a. antike Oden reimen sich nicht),
  - strenger Aufbau, z. B. Strophe – Gegenstrophe – Nachstrophe,
  - in hohem Stil für feierliche Anlässe verfasst.

- Es gibt verschiedene Odenstrophen, z. B. die alkäische, die sapphische oder die asklepiadeische Odenstrophe.

- Das 18. und 19. Jahrhundert bildete den Höhepunkt der deutschsprachigen Odendichtung: Friedrich Gottlieb Klopstocks „Oden und Elegien" aus dem Jahr 1771 zeichnen sich durch eine euphorische und dennoch feierliche Grundstimmung aus. Bei Friedrich Hölderlin dagegen dominieren ein tragisches Gefühl und seine Griechenlandsehnsucht.

- Typische Themen von Oden sind das Lob auf die Liebe, die Freundschaft, die Trauer, das Dichtertum, die Natur oder das Vaterland.

- Bekannte Oden: Pindar, „Epinikia" (ca. 500–445 v. Chr.); Friedrich Schiller, „An die Freude" (1785, vertont in Beethovens 9. Sinfonie); Friedrich Hölderlin, „An die Parzen" (1799)

Sonett

- Gedichtform, die sich während der italienischen Renaissance gebildet und in der europäischen Literatur durchgesetzt hat.

- Das italienische und das französische Sonett umfasst je 14 Verse: zwei Quartette (vierzeilige Strophen) und zwei Terzette (dreizeilige Strophen). Die Quartette und die Terzette sind unterschiedlich gereimt, z. B. nach dem Vorbild von Francesco Petrarca (14. Jh.) abba abba cdc dcd.

- Dem strengen Äußeren eines Sonetts entspricht der inhaltliche Aufbau:
  - Die Quartette stellen These und Antithese dar: meist Aussagen über Liebe, Gott, persönliches Schicksal, Geschichte, Politik, Tod und Religion.
  - Die Terzette konzentrieren die Aussagen der Quartette und führen die Gegensätze zu einer Synthese (Bilanz).
  - Diesen Aufbau nennt man auch Finalstruktur, da er auf ein pointiertes Ende hin angelegt ist.

- Im Deutschen waren Sonette besonders in der Epoche des Barock beliebt. Die antithetische Form und die im Deutschen bevorzugte Versform des Alexandriners kommen der dualistischen Weltsicht („carpe diem – memento mori") entgegen.

- Beispiele: Francesco Petrarca, „Laura-Sonette" (ab 1327); Andreas Gryphius, „Es ist alles eitel" (1637)

- Beliebt war das Sonett auch in der Zeit der Romantik, z. B. bei Joseph von Eichendorff oder August Wilhelm Schlegel.

- Englische Sonette, z. B. die Sonette William Shakespeares, bestehen aus drei Quartetten und einer abschließenden Zweiergruppe (abab cdcd efef gg). Die beiden Verse am Ende des Sonetts enthalten die Schlusspointe oder eine Moral.

Herder über den Ursprung der Sprache

- Johann Gottfried Herders „Abhandlung über den Ursprung der Sprache" (1772) ist die Antwort auf eine Preisfrage der Berliner Akademie der Wissenschaften, in der nach dem Wesen der menschlichen Sprache gefragt wurde.

- Herder (1744–1803) steht in der Tradition der Aufklärung, und so stellt er einen biologischen Vergleich von Mensch und Tier an.
  - Die Sinne der Tiere sind besser ausgeprägt als die der Menschen. Tiere haben in ihrem kleinen Wirkungskreis herausragende Fähigkeiten (z. B. das Gehör oder die Fähigkeit der Spinne, ein Netz zu weben).
  - Die Menschen müssen in einem größeren Wirkungskreis bestehen. Ihre Fähigkeiten sind vielfältiger, aber nicht so gut entwickelt wie die der Tiere.
  - Die Menschen werden nicht wie die Tiere von Instinkten bestimmt, sondern sind „frei". Sie haben „Verstand, Vernunft, Besinnung", also die Fähigkeit des Denkens.

- An einer Beispielgeschichte zeigt Herder, wie er sich den Sprachursprung vorstellt:
  - Ein Wolf, der ein Lamm sieht, wird durch seine Instinkte geleitet und sieht nur Nahrung in ihm. Einem anderen Tier ist das Lamm gleichgültig, weil es instinktiv nichts mit ihm anzufangen weiß.
  - Ein Mensch, der ein Lamm sieht, kann sich von seinen Instinkten befreien und es mit allen Sinnen wahrnehmen. Das Blöken des Schafes wird für ihn zum Merkmal, nach dem er es benennen und wiederkennen kann.

- Für Menschen ist das Wort „Merkwort" und „Mitteilungswort". Sie können durch Sprache die Welt benennen und wiedererkennen. Die Sprache dient ihnen so auch als Kommunikationsmittel.

Bühlers Organon-Modell

- Karl Bühler (1879–1963) hat das sogenannte Organon-Modell entwickelt. Der griechische Begriff „organon" steht bei Bühler für die akustisch wahrnehmbare Sprache und bedeutet „Werkzeug".

- „Z" steht für „Zeichen" und der Kreis für das reine Schallphänomen.

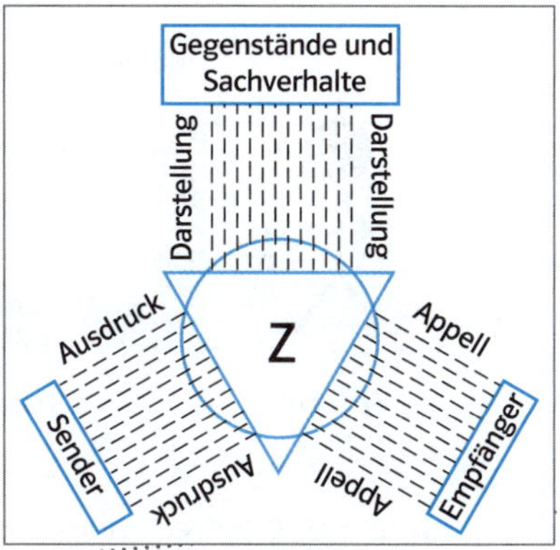

Das Organon-Model

- Das Dreieck verdeutlicht die kommunikative Funktion der Sprache:
  - **Sender**, der ein Schallphänomen hervorruft,
  - **Empfänger**, der den Schall als Reiz wahrnimmt,
  - **Gegenstände** und **Sachverhalte**, die Anlass für die Kommunikation sind.

- Die Intention des Sprechers entscheidet darüber, welche der Funktionen in einer sprachlichen Äußerung dominiert:
  - **Ausdruck** des Senders und seiner Innerlichkeit
  - **Appell** an das Verhalten des Empfängers
  - Weitergabe von Informationen über ein Objekt: **Darstellungsfunktion**

Schulz von Thun: Die vier Seiten einer Nachricht

- Friedemann Schulz von Thun (*1944) veröffentlichte 1981 ein psychologisches Modell der zwischenmenschlichen Kommunikation.

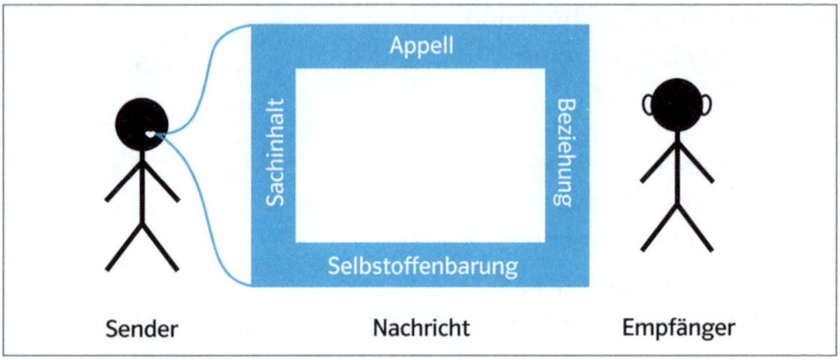

- Jede Mitteilung enthält vier Botschaften gleichzeitig:
  - **Sachinhalt**: Es geht um die Sache an sich.
  - **Selbstoffenbarung**: Sender sagt etwas über sich selbst.
  - **Appell**: Sender will beim Empfänger etwas erreichen.
  - **Beziehung**: Sender offenbart etwas über sein Verhältnis zum Empfänger.

- Der „vierohrige" Empfänger:
  - **Sachohr**: Wie ist der Sachverhalt zu verstehen?
  - **Selbstoffenbarungsohr**: Was ist mit ihm/ihr?
  - **Appellohr**: Wozu soll ich bewegt werden?
  - **Beziehungsohr**: Wie spricht er/sie mit mir? Was hält er/sie von mir?

- Nach Schulz von Thun reagiert der Empfänger auf dem Beziehungsohr am empfindlichsten, das Selbstoffenbarungsohr dagegen ist am schwächsten ausgeprägt.

Rhetorik

- Kunst, eine gute Rede zu halten.

- Ziel einer guten Rede: Die Ansichten des Redners sollen die Zuhörer überzeugen und sich vielleicht sogar in ihrem Verhalten niederschlagen.

- Die Rhetorik war in der Antike vor allem in Volksversammlungen und vor Gericht wichtig, und gute Redner waren angesehene Persönlichkeiten. Bedeutende griechische Redner waren Demosthenes und Lysias, während Cicero und Quintilian im antiken Rom Erfolge feierten.

- In antiken Rhetorikschulen wurden fünf Phasen der Vorbereitung einer Rede gelehrt:
  - Sammlung von Gedanken und Argumenten (inventio)
  - Auswahl und Gliederung des Materials (dispositio)
  - Sprachliche Gestaltung der Rede (elocutio)
  - Einprägen der Rede (memoria)
  - Redevortrag und seine Präsentation z. B. durch Gestik und Mimik (pronuntio)

- Im Mittelalter gehörte die Rhetorik als Bestandteil der sieben freien Künste („Septem Artes liberales“) zur höheren Bildung.

- In der Gegenwart gibt es großes Interesse an Seminaren und Ratgebern zur Rhetorik, mit deren Hilfe vor allem die Karrierechancen verbessert werden sollen. Doch es gibt auch eine kritische Einstellung zur Rhetorik, da sie für Propaganda missbraucht wurde und wird.

Redeanalyse

- Formale Aspekte der Rede
  - Wer ist der Redner? Wer sind die Adressaten?
  - Wann und wo wurde die Rede gehalten?
  - Was ist der Anlass der Rede? Was ist Thema der Rede?

- Redesituation
  - Sind Ort oder Zeit der Rede bedeutungsvoll? Wie sind die politischen, wirtschaftlichen, sozialen Verhältnisse?
  - Welchen (politischen) Hintergrund hat der Redner?
  - Kommen Medien zum Einsatz? Welche Wirkung haben diese?

- Inhalt der Rede
  - Frage nach Thema und wichtigen Kernaussagen der Rede

- Intention der Rede
  - Welche Wirkung will der Redner erzielen?
  - Wie stellt der Redner sich dar? Hat er eigene Interessen?
  - Wie wird das Publikum angesprochen (aggressiv, dramatisierend, informativ, belehrend, dementierend)?

- Struktur und verwendete rhetorische Mittel
  - Wie ist die Rede aufgebaut (logisch, unzusammenhängend)?
  - Wie wird argumentiert? Sind die Argumente schlüssig?
  - Welche sprachlichen Gestaltungsmittel verwendet der Redner (parataktischer/hypotaktischer Stil, Häufung bestimmter Wortarten, Stilmittel)?

- Vortragsweise und Wirkung
  - Sind Gestik und Mimik stimmig? Ist der Vortrag rhythmisiert? Wird das Publikum miteinbezogen?

Beeinflussung durch Sprache

- Beeinflussung durch Wörter
  - Gefühlsbetonte Wörter werden vom Gehirn schneller erfasst und besser gespeichert: „Lebensglück", „Freude", „Gewalt".
  - Spiel mit Wortbedeutungen, z. B. mit Euphemismen: „Preiskorrektur" statt „Preisanhebung"
  - Kriegs-Metaphorik zur Dramatisierung: „Tödliche Pässe" oder „überfallartige Angriffe" im Fußball; „Front", „Schlacht", „Lager", „Offensive"
- Dogmatischer und damit manipulativer Sprachstil
  - Verschleierung der Machtverhältnisse. Ein Beispiel aus der Hotelbranche: „Wir laden sie ein, ihr Zimmer bis 10 Uhr zu räumen."
  - Häufigkeitsausdrücke: „immer", „nie" statt „in der Regel"
  - Gewissheitsausdrücke: „natürlich", „selbstverständlich" statt „wahrscheinlich", „vermutlich"
  - Notwendigkeitsausdrücke: „kann nicht", „muss"
- Aufwertung der Wir-Gruppe, Abwertung des Gegners
  - Argumentation mit Zitaten (evtl. vermeintlicher) Autoritäten
  - Abwertende Metaphern für den Gegner: Krankheits-Metapher („Wahnsinn"), Kindlichkeits-Metapher („sie zanken")
  - Gegnerische Äußerungen verzerrt oder verkürzt zitieren, um sie besser negativ darstellen zu können
- Beschwichtigung und Ablenkung vom Thema
  - Kritische Sachverhalte durch Euphemismen und Umschreibungen relativieren
  - Gebrauch von Phrasen und Leerformeln

Sprachkritik

- Sprachkritik ist die Beschäftigung mit der gegenwärtigen Verwendung von Sprache. Die Kritik kann in Form einer Ermahnung oder Empfehlung weitergegeben werden.

- Beispiele für Sprachkritik
  - Feministische Sprachkritik beschäftigt sich mit der Frage, inwiefern Sprache frauenfeindlich ist.
  - Political Correctness: Auch sprachlich sollen Menschen aufgrund ihres Geschlechts, ihrer sexuellen Orientierung, ihrer ethnischen, nationalen oder religiösen Zugehörigkeit, ihrer sozialen Stellung, ihres Alters oder einer Behinderung nicht diskriminiert werden.

- Sprachpurismus: Er hat das Ziel, die Sprache vor vermeintlich unangemessenem Sprachwandel zu bewahren. Sprachpuristen wollen alle Fremd- oder Lehnwörter eliminieren und durch (neu gebildete) Wörter aus der eigenen Sprache ersetzen.

Ironie

- Ironie ist ein Stilmittel, das in der gesprochenen und geschriebenen Sprache verwendet wird. Man versteckt dabei das Gemeinte hinter einer gegenteiligen Aussage und muss sich darauf verlassen, dass das Gegenüber die Ironie durchschauen kann und will.

- Beispiele für Ironie: „Schöne Bescherung"; „Du bist mir ja ein schöner Freund"; „Geht's noch lauter?"

- Ironie wird oft durch „Ironiesignale" kenntlich gemacht.
  - Gesprochene Sprache: Gestik, Mimik (z. B. Zwinkern) oder Betonung der Aussage
  - Printmedien: Texte, die ironisch verstanden werden sollen, werden besonders kenntlich gemacht (z. B. als Glosse, Kolumne oder Kommentar).
  - Internet: Emoticons, aber auch Anführungszeichen oder der doppelte Zirkumflex

- Romantische Ironie: Ironie wird von den Autoren der Romantik benutzt, um die Widersprüchlichkeit von Ideal und Wirklichkeit aufzuzeigen. Die Theorie stammt von Friedrich Schlegel. Umgesetzt wurde die romantische Ironie z. B. von Heinrich Heine und Ludwig Tieck, „Der gestiefelte Kater" (1797).

Komik und Humor

- **Komik** entsteht durch das Missverhältnis zwischen Sein und Schein, Erwartetem und Unerwartetem, Anspruch und Wirklichkeit. Dieser Kontrast erzeugt Spannung, die sich im Lachen löst.

- Komik findet man in allen literarischen Gattungen, typischerweise aber in der Komödie, denn im Aufbau eines Dramas kommt der Spannungscharakter der Komik besonders zum Tragen.

- Unterschiedliche Formen der Komik
  - Ereignis- oder Situationskomik: Komik, die durch unpassendes Handeln hervorgerufen wird.
  - Figurenkomik (auch Charakter- oder Typenkomik): Komik, die an eine Figur gebunden ist.
  - Wortkomik: Komik, die durch Sprachspiele oder Stilmittel entsteht.

- Menschen mit **Humor** können auf die kleinen und großen Katastrophen des Alltags gelassen und mit einem Lachen reagieren. Im Gegensatz zum Spott wendet sich dieses Lachen nicht abfällig oder verletzend gegen andere. Humorvolle Menschen lachen vielmehr gern auch über sich selbst.

- Die humoristische Haltung findet sich in allen Gattungen, vor allem aber in epischen Texten.

- Der schwarze Humor ist eine Sonderform des Humors. Gesellschaftliche Tabubereiche wie Tod oder Krankheiten werden verharmlost oder lächerlich gemacht. Schwarzer Humor bringt Menschen üblicherweise nicht zum Lachen. Dieses bleibt vielmehr „im Hals stecken". Vertreter des schwarzen Humors sind u. a. Jonathan Swift (1667–1745), Roald Dahl (1916–1990).

Witz

- Ein Witz ist eine sehr kurz gefasste Erzählung, die auf eine Pointe zuläuft und den Leser oder Hörer idealerweise zum Lachen bringt.
- Wesentliches Formmerkmal des Witzes ist die Schluss-Pointe. Am Ende eines Witzes erkennt der Zuhörer erst den Sinn des Erzählten und ist überrascht. Die zuvor bewusst erzeugte Spannung löst sich in Lachen auf.
- Die Wirkung des Witzes beruht auf der Erwartungshaltung des Lesers oder des Hörers: Es entsteht ein Widerspruch zwischen der bewusst in eine bestimmte Richtung gelenkten Erwartung und der unerwarteten Pointe. Diese Spannung löst sich nicht, wenn der Witz nicht verstanden wird oder schon bekannt ist.
- Beim Vortrag kommt es darauf an, den Zuhörer ohne Ausschmückungen zielstrebig zur überraschenden Pointe zu führen. Oft ist auch die wörtliche Wiedergabe wichtig, denn ein weiteres wesentliches Formmerkmal ist das Wortspiel, das aufgrund von Doppeldeutigkeiten oder Klangähnlichkeiten wirkt.
- Witze werden oft serienweise hergestellt: Klein-Erna-Witze, Häschenwitze, Chuck-Norris-Witze.
- Witze können sich z. B. um einzelne Volksgruppen (Schotten, Ostfriesen), Stände (Geistliche, Professoren, Beamte) oder Bevölkerungsgruppen (Blondinen) drehen.
- Der politische Witz ist in totalitären Systemen oft verboten. Dann entwickelt er sich zum „Flüsterwitz“, der mündlich weitererzählt wird.

Karikatur

- Die Karikatur verzerrt die Wirklichkeit so, dass einzelne Attribute einer Person, eines Ereignisses, gesellschaftlicher Zustände oder eines künstlerischen Werkes übertrieben betont werden, andere dagegen werden reduziert wiedergegeben.

Grafische Karikatur

- Bekannt sind Karikaturen als Grafiken, es gibt aber auch literarische Karikaturen. Diese werden oft der Satire oder Parodie zugeordnet.

- Karikaturen können durch ihre einseitige Verzerrung auf den ersten Blick nur spöttisch wirken. Meist steckt aber eine Botschaft hinter der Auswahl des verzerrten Attributs. Oft wird auf Schwächen oder Missstände hingewiesen, so dass eine Karikatur auch Kritik ausdrücken kann.

- Literarische Beispiele: Miguel de Cervantes-Saavedra, „Don Quijote“ (1605–15); Heinrich Mann, Diederich Heßling im Roman „Der Untertan“ (1916)

Parodie

- Verspottende Nachahmung einer Person, eines Werks oder eines Stils.
- Die Parodie ist in allen Künsten (Musik, Film, Literatur…) und in der Literatur in allen literarischen Gattungen (Epik, Lyrik, Drama) zu finden.
- Die Parodie will nachahmen, verändert aber doch ganz bewusst charakteristische Formmerkmale, die dann verzerrt und übertrieben dargestellt werden.
- Ziel einer Parodie ist oft, Schwächen des Originals aufzuzeigen. Gleichzeitig wirkt die Parodie selbst auch komisch und unterhaltend.
- Eine Parodie kann nur verstanden werden, wenn das Original bekannt genug ist.
- Parodie und Satire sind sich sehr ähnlich und können nur schwer unterschieden werden. Satire ist aggressiver als die Parodie, sie stellt das Original bloß.
- Die ersten Parodien stammen aus der Antike und verspotten Werke Homers.
- Miguel de Cervantes-Saavedra parodiert mit „Don Quijote" (1605–15) Ritterromane.
- Friedrich Theodor Vischer, „Faust. Der Tragödie dritter Teil" (1862) parodiert Johann Wolfgang von Goethes „Faust".

Satire

- Die Satire übt durch Ironie, Übertreibungen oder Spott Kritik an Missständen oder auch Personen.
- Die Satire ist in vielen künstlerischen Ausdrucksformen und allen literarischen Gattungen möglich, da die Absicht und nicht die Form bestimmend ist. Satirisch können z. B. folgende Formen sein: Essay, Film, Glosse, Kabarett, Karikatur.
- Sprachliche Mittel dienen der Überspitzung und der Verzerrung: Über-, Untertreibung, Ironie, Mehrdeutigkeit, Metaphern, Vergleiche.
- Satiren finden sich schon in der Antike (Aristophanes, Juvenal). Im Mittelalter ist Satire vor allem Ständesatire („Reineke de Vos“, 1498).
- Als erstes Werk des Humanismus gilt die Satire „Das Narrenschiff“ (1494) von Sebastian Brant.
- Jonathan Swift verfasste mit dem vierteiligen Roman „Gullivers Reisen“ (1726) eine Satire auf Strömungen in der Aufklärung.
- Weiterer Höhepunkt: Heinrich Heine, „Deutschland, ein Wintermärchen“ (1844).
- Ab 1896 erschien der „Simplicissimus“, eine satirische Zeitschrift, und um 1900 eröffneten die ersten Kabaretts.
- Wiederbelebung der Satire nach dem 2. Weltkrieg u. a. durch die Satirezeitschriften „pardon“ und „Titanic“.

Intertextualität

- Intertextualität bezeichnet die Bezugnahme von Texten auf andere Texte.

- Intertextualität kann verschiedene Formen haben, z. B. ein Zitat, eine Anspielung oder die Übernahme eines Motivs.

- Beispiele für Intertextualität in Johann Wolfgang von Goethe, „Die Leiden des jungen Werther" (1774):
  - Nach dem Selbstmord Werthers findet man auf seinem Pult Gotthold Ephraim Lessings „Emilia Galotti" (1772) aufgeschlagen liegen. Werther bietet damit eine Deutung seines Selbstmordes als Opfer an, die der Leser annehmen, aber auch ablehnen kann.
  - Goethes Briefroman selbst dient einem anderen Roman als sogenannter „Prätext", nämlich Ulrich Plenzdorfs „Die neuen Leiden des jungen W." (1972).

- Intertextualität wurde erst in den 1960er Jahren als Begriff geprägt, gilt aber nicht nur als Kennzeichen der postmodernen Literatur. In den 1970er Jahren ist man sogar zu der Auffassung gelangt, dass es überhaupt keine Texte ohne Intertextualität gibt, da jeder Text mit anderen Texten verwoben ist. Jede Textproduktion ist Teil der Kultur, in der der Autor lebt.

Fiktion und Metafiktion

- Fiktion: Dramatik und Epik vermitteln dem Leser die Illusion, an einem realen Geschehen teilzuhaben.

- Metafiktion: Metafiktionale Texte durchbrechen diese Illusion und legen ihre eigene Fiktionalität offen.

- Es kann explizit oder implizit auf die Fiktionalität eines Werkes hingewiesen werden:
  - Ein Roman über jemanden, der selbst einen Text schreibt oder liest.
  - Der Erzähler stellt sich als der Autor dar, der den Text eben in diesem Moment schreibt. Er kann dabei z. B. von den Schwierigkeiten beim Schreiben berichten oder von Figuren, die seinen Vorgaben nicht folgen wollen.
  - Der Bereich des Autors und der Bereich der erzählten Welt berühren oder vermischen sich: Der Autor tritt z. B. als Figur in seiner eigenen Geschichte auf oder die Figuren erscheinen in der Welt des Autors und sprechen zu ihm.

- Durch Metafiktion wird der Leser aus der erzählten Welt herausgerissen und gezwungen, seine eigene Rolle als Leser zu reflektieren.

- Metafiktionale Elemente finden sich v. a. in Literatur der Postmoderne, z. B. Walter Moers, „Ensel und Krete“ (2000); Daniel Kehlmann, „Ruhm“ (2009); Christian Kracht, „Imperium“ (2012), aber auch in früheren Werken: Miguel de Cervantes-Saavedra, „Don Quijote“ (1605–15).

Meldung, Nachricht, Bericht

- Die Meldung ist aktuell und äußerst knapp formuliert. Nachrichtenagenturen (dpa, AP, AFP, AA…) melden aktuelle Ereignisse, die von Medien weiterverarbeitet werden können.

- Die Nachricht informiert den Leser nüchtern über ein Ereignis, das für den Leser neu ist.

- Der Bericht ist ausführlicher als die Nachricht, enthält auch Hintergründe und die Vorgeschichte des Ereignisses.
  - Sprache des Berichts: knapp, nüchtern, wertfrei; Präteritum; in der Regel keine wörtliche Rede

- Typischer Aufbau einer Nachricht und eines Berichts
  - Vorspann: Antwort auf erste Fragen (Wer?, Wann?, Was?, Wo?). Diesen Überblick nennt man „Lead“.
  - Hauptteil: Was ist geschehen? Die Chronologie muss eingehalten werden (Was?, Wie?, Warum?).
  - Schluss: Welche Folgen hat das Geschehen?

- Aktuelle Nachrichten und Berichte findet man vor allem in Tageszeitungen, seit einigen Jahren aber auch immer öfter im Internet.

- Wochenzeitungen nehmen Nachrichten und Berichte zum Anlass für Reportagen, Kommentare oder Hintergrundberichte.

Reportage

- Journalistische, informative Textsorte wie etwa der Bericht. Im Unterschied zu diesem ist die Reportage aber unterhaltender und stellt oftmals nicht alle Aspekte des Geschehens dar, sondern nur Charakteristisches.

- Der Autor einer Reportage stellt Nähe zwischen dem Leser und dem Geschehen her, indem er als Augenzeuge auftritt. Die Präsentation der Informationen geschieht nach dramaturgischen Gesichtspunkten, um den Leser zu unterhalten.

- Die Reportage ist objektiv und subjektiv zugleich. Zum einen entsteht sie auf der Basis von authentischem Material (z. B. Interviews). Zum anderen gibt der Autor der Reportage aber durch die Darstellung seiner eigenen Erlebnisse und Eindrücke eine subjektive Prägung.

- Die Sprache der Reportage ist einfach und bildhaft. Sie fängt die Atmosphäre ein, es kommt oft auch wörtliche Rede vor.

- Typischer Aufbau einer Reportage
  - Einleitung: oft eine szenische Darstellung oder eine Momentaufnahme, die typisch ist und Interesse weckt.
  - Hauptteil: Interviews ziehen sich oftmals durch die Reportage und untermauern das Gesagte. Meist begleitet eine Reportage wenige Personen; roter Faden, durchgehende Struktur und Ziel sind vorhanden.
  - Schluss: Schlusspointe

Kommentar

- Journalistische Textsorte, in der aktuelle Ereignisse bewertet werden. Die Leser sollen die Meinung des Autors deutlich erkennen und sich selbst eine eigene Auffassung bilden können.

- Typischer Aufbau eines Kommentars
  - Einprägsame Überschrift,
  - These: je provokativer, desto effektiver,
  - Zusammenfassung der Nachricht, auf die sich der Kommentar bezieht.
  - Im Lauf der Argumentation positioniert sich der Autor deutlich, er kann werten und zuspitzen. Es können Aspekte differenzierter ausgeführt oder weggelassen werden. Die Argumentation kann in einen größeren Zusammenhang eingebettet werden. Mögliche Gegenargumente können widerlegt werden.
  - Schluss: Rückgriff auf die These

- Die Sprache des Kommentars ist sachlich-nüchtern, ironisch oder polemisch.

- Sonderformen
  - Kolumne: regelmäßig erscheinender Kommentar zu wechselnden (aktuellen) Themen, meist von einem bekannten Journalisten.
  - Leitartikel: oft auf der Titelseite; verfasst von einem Redakteur, meist vom Chefredakteur.

Glosse

- Textsorte, in der die Meinung des Journalisten durch Stilmittel wie Ironie und satirische Elemente überspitzt wiedergegeben wird.

- Die Glosse ist ein sehr kurzer Text und deshalb sprachlich sehr anspruchsvoll. Die Sprache ist oft spöttisch oder sarkastisch, aber immer auf hohem Niveau gehalten.

- Glossen können zu allen Themen verfasst werden, die der Journalist für interessant hält. Es können aktuelle Nachrichten sein oder Kleinigkeiten aus dem Alltag.

- Die Glosse ist eigentlich ein prägnant formulierter Kommentar. Zwar ist sie amüsant zu lesen, doch der Leser soll durch sie aufgerüttelt werden.

- Der Begriff Glosse kommt noch in einer anderen Bedeutung vor, die in der Antike, aber auch im Mittelalter eine große Rolle spielte. In dieser Zeit bezeichnete man unbekannte oder ungebräuchliche Wörter und deren Erläuterungen als Glossen. Diese waren meist am Rand des Textes notiert. Das Verzeichnis – oft im Anhang eines Textes – nennt man Glossar.

Rezension

- Sachkundige und kritische Besprechung von aktuellen Ereignissen aus dem kulturellen Bereich (Bücher, Theater-, Film- und Fernsehaufführungen, Ausstellungen, Konzerte, Opern oder Musicals).

- Typischer Aufbau einer Rezension
  - Autor, Titel, Verlag, Erscheinungsjahr, Umfang, eventuell Preis
  - Thema, Figurenkonstellation, Darstellung des Spannungsbogens, Zusammenfassung der Handlung
  - Auffälligkeiten der Gestaltung, der Sprache, des Stils, des Aufbaus
  - Subjektive Wertungen mit Begründung
  - Abschließende und begründete Empfehlung für bestimmte Zielgruppen, offene Fragen

- Der Autor einer Rezension urteilt mit Sachkenntnis, gibt aber immer auch seine persönliche Meinung wieder. Sein Urteil kann auch sehr negativ ausfallen („Verriss").

- Die Rezension findet sich in wissenschaftlichen Fachzeitschriften oder im Feuilleton einer Zeitung: Das Feuilleton ist der Kultur- und Unterhaltungsteil einer Zeitung oder Zeitschrift, in dem Nachrichten, Kommentare und Essays aus Kultur und Literatur, Rezensionen, populärwissenschaftliche und unterhaltende Beiträge zu finden sind.

Netzliteratur

- Netzliteratur und „Literatur im Netz“ sind zu unterscheiden.
- „Literatur im Netz“: Texte, die zuvor in Buchform erschienen sind, werden unverändert ins Netz gestellt.
- Netzliteratur: Literaturgattung, die seit den 1990er Jahren im Zuge der Digitalisierung neu entsteht.
  - Das Internet wird nicht nur als Publikationsplattform genutzt, sondern auch zur kreativen Gestaltung von Literatur.
  - Die Definition dieser Gattung ist noch nicht abgeschlossen.
- Netzliteratur unterscheidet sich von „Literatur im Netz“ auch durch Kennzeichen wie
  - Hypertextstruktur: Ein Beispiel für den Gebrauch von Hyperlinks sind literarische Werke, bei denen der Leser frei auswählt, durch welchen Link er den Text fortführen möchte. Erst die Auswahl des Lesers gibt dem Text seine konkrete Form, und er wird zum sogenannten „schreibenden Leser“ („wreader“ aus „writer“ und „reader“).
  - Interaktivität: Es gibt Projekte, bei denen die Leser am Schreibprozess teilnehmen können, indem sie in einen Ausgangstext neue Texte an beliebigen Stellen einfügen.
  - Dynamische Inhalte: Blogromane werden sukzessive ins Netz gestellt. Sie können auch interaktive Elemente aufweisen, wenn die Leser z. B. abstimmen können, wie ein Handlungsstrang fortgeführt werden soll.
  - Animationen, visuelle und akustische Mittel, die zur Textproduktion eingesetzt werden.
- Netzliteratur geht davon aus, dass es keine abgeschlossenen Werke geben kann und entspricht so einer Tendenz in der modernen Literaturtheorie.

Werbung

- Die sogenannte AIDA-Formel beschreibt die Wirkung der Werbung auf die Kunden:
    - A: Attention – die Aufmerksamkeit des Kunden wird angeregt.
    - I: Interest – das Interesse des Kunden wird geweckt.
    - D: Desire – der Wunsch entsteht, das Produkt zu besitzen.
    - A: Action – der Kunde kauft das Produkt.

- Mehrere Faktoren werden in der Forschung als besonders aktivierend und werbewirksam herausgestellt:
    - Neuheit: beruht auf der Neugier des Menschen.
    - Erotik und Schönheit
    - Abweichung: Werbung fasziniert, wenn sie von Gewohntem abweicht.
    - Angst: Angstbeladene Werbung verspricht, dass die Angst durch das beworbene Produkt verfliegt.
    - Einfachheit und Ehrlichkeit

- Diese Faktoren haben ebenfalls Einfluss auf die Werbesprache:
    - Neologismen unterstützen das Versprechen der Neuheit.
    - Abweichungen vom Üblichen sind auch in der Sprache zu finden: Anglizismen, Hyperbeln, Wortspiele oder Metaphern.
    - Die Sprache ist einfach und verständlich. Manchmal ist Werbung gereimt, oder man kann sie sich durch Alliterationen besonders gut merken.
    - Kunden werden durch rhetorische Fragen angesprochen.
    - Aufwertung des Produkts durch Superlative oder Euphemismen

Massenmedien (Geschichte)

- Massenmedien (Begriffsbestimmung)
  - Technische Hilfsmittel zur Verbreitung von Informationen an viele Menschen, also z. B. Presse, Film, Hörfunk, Fernsehen, Internet,
  - Organisationen, die die Botschaften der Massenkommunikation anfertigen (z. B. Verlage oder Rundfunkanstalten).

- Erfindung des Buchdrucks durch Johannes Gutenberg 1450 in Mainz

- Technischer Fortschritt im 19. Jahrhundert (Schnell- und Rotationspressen sowie Setzmaschinen): Das Zeitungsformat vergrößerte sich und Zeitungen hatten mehr Seiten. Dadurch konnten sie mehr Informationen liefern. Durch ein häufigeres Erscheinen waren sie aktueller als zuvor.

- Zeitungen wurden lange zensiert, erst das 1949 erlassene Grundgesetz garantiert in Art. 5 Meinungs- und Informationsfreiheit und verbietet Zensur.

- 1895 gilt als Geburtsstunde des Films. 1923 wurde die erste Rundfunksendung ausgestrahlt.

- Massenmedien wurden im Nationalsozialismus zu einem Instrument der Propaganda, z. B. durch den „Volksempfänger".

- 1935 wurde der regelmäßige Fernsehprogrammbetrieb aufgenommen.

- „Digitale Revolution" in den 1990er Jahren: Computertechnik und Internet

Massenmedien (Wirkung)

- Die Entwicklung der Medienwirkungsforschung
  - 1930er und 40er Jahre: Annahme eines stark manipulativen Einflusses der Massenmedien, z. B. aufgrund der Massenpanik auf das Radiohörspiel „Krieg der Welten" (1938; nach dem Roman von H. G. Wells, The War of the Worlds, 1898) oder aufgrund der Erfahrungen mit der nationalsozialistischen Propaganda.
  - 1950er und 60er Jahre: Annahme einer schwachen Medienwirkung, wenn überhaupt, eine Verstärkung bereits vorhandener Einstellungen.
  - Seit den 1970er Jahren: Nachweisbare Effekte von Medien sind zwar vorhanden, aber viel geringer als angenommen. Vor allem in populärwissenschaftlichen Büchern und Artikeln wird die Wirkung der Medien oft übertrieben dargestellt.

- Thesen der aktuellen Medienwirkungsforschung
  - Medien wirken auf Einstellungen: Einfluss bei der Meinungsbildung, Verstärkung/Abschwächung bestehender Einstellungen, selten Änderung bestehender Einstellungen. Beispielhafte Themen: Schönheitsideale, Toleranz gegenüber Gewalt, Konsumverhalten.
  - Medien lenken den Fokus: Nicht alle aktuellen Themen werden gleichermaßen aufgearbeitet.
  - Medien vermitteln Wissen.
  - Medien verstärken die „Wissenskluft": Gebildete profitieren von dem Wissen, das in den Medien angeboten wird, in besonderem Maße. Zudem fehlt einem großen Teil der Weltbevölkerung der Zugang zu Massenmedien.
  - Aktuelle Diskussion: Wie wirken sich Massenmedien auf die Gewaltbereitschaft Jugendlicher aus?

Textanalyse

- Bei einer Textanalyse zerlegt man einen Text in seine formalen, strukturellen und sprachlichen Einzelteile, beschreibt diese, ordnet und untersucht sie.

- Prinzipiell eignen sich alle Texte für eine Analyse, sowohl literarische Texte als auch Sachtexte.

- Unterschiedliche Analyseschwerpunkte
  - Formanalyse: z. B. Strophenstruktur, Versform, Reimschema bei der Lyrik; Kapitelstruktur bei der Prosa oder die Frage nach einer geschlossenen oder offenen Form beim Drama
  - Strukturanalyse: z. B. ein wiederholter Refrain in der Lyrik, das Motivgeflecht in Prosatexten oder die Dialogentwicklung im Drama
  - Stilanalyse: z. B. Syntax oder der Einsatz von Stilfiguren

- Die Analyse geschieht notwendigerweise vor der Interpretation, denn erst sie macht es möglich, eine folgende Deutung des Textes auch zu begründen.

- Bei keinem Text werden alle formalen, strukturellen oder sprachlichen Untersuchungsaspekte Ergebnisse bringen. Es genügt, wenn für die schriftliche Interpretation nur die aussagekräftigen Ergebnisse ausgewählt und nachvollziehbar miteinander verbunden werden.

Interpretation

- Die Interpretation ist die meist schriftliche Deutung eines Textes.

- Ausgangspunkt für die Interpretation sind die Ergebnisse der Textanalyse. Die formalen, strukturellen, sprachlichen und inhaltlichen Besonderheiten werden aufeinander bezogen und erhalten so Bedeutung.

- Es gibt nicht die eine Interpretation eines Textes. Vielmehr kann es unterschiedliche Interpretationsansätze geben, die aber in sich stimmig und am Text belegt sein müssen.

- Interpretationsansätze können z. B. sein:
  - Werkimmanente Interpretation: Man untersucht den Text, also seine Struktur, seine sprachliche und formale Gestaltung und seinen Inhalt. Dann versucht man, den Merkmalen in ihrer Zusammenschau eine Bedeutung zuzuweisen. Die werkimmanente Interpretation ist der Versuch, den Text aus sich heraus zu verstehen.
  - Textexterne Interpretation: Sie bezieht auch Informationen, die über den Text hinausgehen, in die Deutung mit ein: die Biografie des Autors, die Stoffgeschichte, die literarische Epoche, die Rezeptionsgeschichte des Textes oder auch Ergebnisse anderer Wissenschaften (z. B. der Psychoanalyse).

- Bei der schriftlichen Interpretation ist Folgendes zu beachten:
  - Die Textanalyse ist die Grundlage der Interpretation.
  - Form, Sprache und Inhalt müssen aufeinander bezogen werden, sonst wiederholt man nur den Inhalt des Textes oder reiht Einzelbeobachtungen aneinander.
  - Jede Behauptung muss an Zitaten aus dem Text belegt sein.

Deutungshypothese

- Die Deutungshypothese ist eine erste Vermutung darüber, was die Aussage des vorliegenden Textes sein könnte.

- Sie wird in der Einleitung des Interpretationsaufsatzes zum ersten Mal ausformuliert.

- Wie formuliert man eine Deutungshypothese?
  - Nach dem ersten Lesen des Textes stellt man Vermutungen darüber an, was die Intention des Textes sein könnte: Welche zentrale Aussage lässt sich dem Text entnehmen? Welche Fragen provoziert er beim Leser?
  - Die Deutungshypothese sollte sich in einem oder wenigen Sätzen zusammenfassen lassen.
  - Sie sollte klar und präzise formuliert sein.

- Eine schriftliche Interpretation ist gelungen, wenn sie in sich geschlossen ist, und dazu trägt die Deutungshypothese bei:
  - Die Deutungshypothese wird der Interpretation vorausgeschickt und leitet den Leser wie ein roter Faden durch die Interpretation.
  - Die Interpretation ist die Überprüfung der Deutungshypothese. Unterstützen Form, Sprache und Inhalt die Deutungshypothese?
  - Am Ende der Interpretation kehrt man gedanklich wieder zurück zum Beginn und bestätigt, verändert, vertieft oder verwirft die Deutungshypothese.

Vorgehen bei einer Interpretation

- Erste Orientierung
  - Was verlangt die Aufgabenstellung?
  - Lesen des Textes (beim Gedicht lautes Lesen)
  - Was fällt inhaltlich, formal, sprachlich auf, weil es sich z. B. wiederholt, aus dem Üblichen herausfällt, sehr gut oder überhaupt nicht zusammenpasst?
  - Formulierung einer Deutungshypothese

- Textanalyse
  - Eine Tabelle hilft, die Wechselbeziehung von Inhalt, Form und Sprache darzustellen. Im Laufe der Zeit fällt es leichter, die Tabelle auf die wichtigsten Punkte einzuschränken.
  - Leitfrage: Wie unterstreichen Form und Sprache den Inhalt?

Zeilen	Inhalt	Form	Sprache	Wirkung/ Deutung

- Formulierung der Interpretation: Einleitung, Hauptteil, Schluss

- Korrektur
  - Ist die Aufgabenstellung erfüllt?
  - Sind Überleitungen zwischen und innerhalb von Einleitung, Hauptteil und Schluss vorhanden?
  - Ist das äußere Erscheinungsbild des Textes gefällig (Schrift) und übersichtlich (Absätze)? Stimmen Grammatik, Rechtschreibung und Zeichensetzung?

Aufbau der Sachtextanalyse

- Einleitung
  - Textsorte, Titel, Autor, Erscheinungs-/Veröffentlichungsjahr
  - Aus welchem Grund oder zu welchem Anlass wurde der Text geschrieben/die Rede gehalten?
  - Was ist die Kernthematik des Textes und welche Position nimmt der Verfasser ein? Beklagt er einen Missstand? Stellt er Forderungen?

- Hauptteil
  - Knappe Inhaltsangabe, die den gedanklichen Aufbau des Textes widerspiegelt: Ist ein Aufbauprinzip optisch erkennbar, z. B. durch die Gliederung des Textes in Absätze? Kann der Text überdies in Sinnabschnitte eingeteilt werden?
  - Analyse der Argumentation: Welche Argumenttypen werden verwendet? Werden Belege oder Zitate aufgeführt?
  - Sprachanalyse: Gibt es auffallende sprachliche Besonderheiten und wie wirken diese auf den Leser? Welchen Wortschatz nutzt der Verfasser? Auf welcher Stilebene ist der Text verfasst? Gibt es Auffälligkeiten im Satzbau? Welche rhetorischen Mittel werden verwendet? Wie wird der Adressatenbezug umgesetzt?
  - Textintention: Will der Autor uns informieren, an uns appellieren? Enthält der Text Wertungen?

- Schluss
  - Ist der Text in sich stimmig? Ist man als Leser am Ende überzeugt?
  - Offene Fragen? Sind weitere Differenzierungen nötig oder möglich?
  - Was ist über die Wirkung des Textes bekannt?

Zitat

- Zitate sollen die eigenen Ausführungen belegen und veranschaulichen. Sie müssen durch genaue Quellenangaben und einen Hinweis auf Seite/Zeile/Vers überprüfbar sein.

- Der Wortlaut eines Zitats darf nicht verändert werden. Deshalb müssen auch Fehler oder Besonderheiten in Rechtschreibung und Zeichensetzung übernommen und gegebenenfalls gekennzeichnet *[sic!]* werden.

- Zitate werden durch Anführungszeichen gekennzeichnet. Zitiert man ein Zitat im Zitat, wird dies in halbe Anführungszeichen gesetzt: *„Artur setzte seine Brille auf, sagte ‚Ich gehe dann' und war weg" (Z. 28).*

- Wenn sich ein Zitat auch über die folgende Seite/Zeile oder den folgenden Vers erstreckt, wird „f." für „folgende" angefügt. Bei Zitaten über mehrere Seiten/Zeilen/Verse verwendet man „ff." für „die folgenden".

- Einzelne Wörter werden gegebenenfalls grammatikalisch angepasst in den Text eingebettet: *Zunächst ist Friederike nervös, doch dann wird sie „immer ruhiger" (Z. 4).*

- Teile von Sätzen werden grammatikalisch angepasst in den eigenen Satzbau integriert. Auslassungen und Veränderungen werden mit eckigen Klammern kenntlich gemacht: *Mathilda erklärt weinend, dass sie „nur noch [...] hinterherrufen [konnte], doch die Schwester hörte [sie] nicht mehr" (Z. 12).*

- Wenn eine längere Textstelle nur sinngemäß übernommen, also paraphrasiert wird, genügt der Hinweis auf die Textstelle: *Fabian ist eine optimistische Figur, die immer an das Gute im Menschen glaubt (vgl. S. 10, 15 und 70).*

Inhaltsangabe

- Die Inhaltsangabe ist eine kurze Zusammenfassung für Leser, die ein literarisches Werk nicht kennen oder den Inhalt schon beinahe wieder vergessen haben.

- Die Inhaltsangabe will im Gegensatz zur Nacherzählung nicht unterhalten, sondern informieren. Sie enthält deshalb keine erzählenden Elemente wie Ausschmückungen, Wiederholungen, Spannungsbögen, direkte Rede oder das erzählende Präteritum.

- Übersichtliche und strukturierte Wiedergabe der Handlung
  - Die Handlung wird chronologisch, also nicht unbedingt nach der Reihenfolge, die das literarische Werk vorgibt, dargestellt.
  - Die Gliederung des Ausgangstextes muss auch sprachlich deutlich gemacht werden: Einleitung, Höhepunkt…
  - Passende Adverbien und Konjunktionen verbinden die Handlungsschritte logisch: zunächst, deswegen, weil, dennoch, trotz, um zu, infolgedessen…

- Typischer Aufbau einer Inhaltsangabe
  - Einleitung: Textsorte, Titel, Autor, Entstehungszeit, Thema oder Kurzinhalt oder Deutungshypothese
  - Hauptteil: Ausgangssituation, dann Wiedergabe nur der relevanten Handlungsschritte, keine Interpretation
  - Schluss: sprachliche Besonderheiten des Textes, unter Umständen auch eine Deutungshypothese oder Interpretationsansätze

Prosainterpretation (Vorarbeiten)

- Typisch für Prosatexte ist der vermittelnde Erzähler, deshalb muss bei der Prosainterpretation ein Schwerpunkt auf die Erzähltechnik gelegt werden: Erzählform, Erzählverhalten und Perspektive des Erzählers.

- Textsorte
  - Welcher Textsorte gehört der Text an? Jede Textsorte (z. B. Kurzgeschichte, Novelle oder Roman) hat spezifische Merkmale, die sie von anderen unterscheiden und die deshalb für die Interpretation wertvoll sein können.

- Textzusammenhang
  - Gibt es Leitmotive, Symbole, Metaphern, die den Text gliedern? Welchen Figuren oder Situationen sind sie zugeordnet?

- Figuren
  - Welche Hinweise gibt es im Text auf den Charakter der Figuren?
  - In welcher Beziehung stehen die Figuren zueinander (Figurenkonstellation)?

- Zeit
  - Verhältnis zwischen erzählter Zeit und Erzählzeit?
  - Gibt es Vorausdeutungen oder Rückgriffe?

- Sprache
  - Auffälligkeiten im Satzbau? Hypotaxen, Parataxen, Ellipsen? Welche Wirkung haben sie?
  - Sprachliche Bilder? Wie wirken sie auf den Leser?

Prosainterpretation (Ausarbeitung)

- Einleitung
  - Autor, Titel, Textsorte, Erscheinungs- bzw. Veröffentlichungsjahr, eventuell Einordnung in eine Epoche
  - Deutungshypothese

- Hauptteil
  - Wenn es sich bei dem zu interpretierenden Text um einen Auszug (z. B. aus einem Roman, einer Novelle...) handelt, muss der Inhalt der Textstelle in den Entwicklungsstand des Gesamtgeschehens eingeordnet werden, soweit dies für das Verständnis des zu interpretierenden Textes notwendig ist. (Es wird keine vollständige Inhaltsangabe des Ursprungstextes erwartet, doch müssen z. B. die vorkommenden Figuren vorgestellt werden!)
  - Kurze Inhaltsangabe und Gliederung (der Textstelle)
  - Analyse und Interpretation (der Textstelle): textchronologisch oder nach Aspekten
  - Es können in der Aufgabenstellung auch textexterne Interpretationsansätze gefordert sein.
  - Alle Behauptungen müssen durch Zitate belegt werden.
  - Gliederung durch Absätze und Überleitungen

- Schluss
  - Wurde die Deutungshypothese bestätigt oder muss sie umformuliert werden?
  - Ideal ist, wenn im Schluss ein Aspekt der Einleitung wieder aufgenommen werden kann.
  - Weitere (textexterne) Interpretationsansätze andeuten, z. B. Biografie des Autors, Funktion des Textes im Gesamtwerk des Autors.

Dramenanalyse

- Dramen sind keine Lesetexte, sondern für Theateraufführungen konzipiert. Es gibt also keinen vermittelnden Erzähler. Der Leser muss selbstständig eine Verbindung zwischen Haupt- und Nebentext herstellen.

- Handlung und Figuren
  - Wer sind die Gesprächspartner bzw. -gegner? Wer führt den Monolog?
  - Welcher innere oder äußere Konflikt ist wodurch entstanden?
  - Welche Sprechabsichten, Sprechtaktiken, Sprechanteile haben die Gesprächsteilnehmer im Dialog?
  - Streben die Figuren eine Lösung an? Warum ist eine Lösung vielleicht überhaupt nicht möglich (äußere Umstände, Unfähigkeit zur Kommunikation…)?
  - Gibt es Nebenhandlungen, die die Haupthandlung deuten?

- Raum
  - Was ist in den Regieanweisungen über die Bühnengestaltung mitgeteilt? Wird die Aussageabsicht des Dramas damit unterstrichen?
  - Raumsymbolik?

- Sprache
  - Welche Wirkung haben die rhetorischen Mittel auf den Gesprächspartner oder den Zuschauer/Leser?
  - Verrät der Satzbau etwas über die Stimmung einer Figur (Hypotaxen, Parataxen, Ellipsen, Ausrufe, Fragen)?

Interpretation eines Dramenauszugs (Monolog)

- Einleitung
  - Autor, Grundform (Komödie, Tragödie), Titel, Entstehungszeit, Jahr der Erstaufführung, eventuell Einordnung in eine Epoche
  - Welche Figur spricht den Monolog? Was ist das Thema des Monologs?
  - Deutungshypothese

- Hauptteil
  - Die Situation des Monologs soll in den Entwicklungsstand der Dramenhandlung eingeordnet werden, soweit dies für das Verständnis des Monologs wichtig ist. (Es wird keine vollständige Inhaltsangabe des Dramas erwartet!)
  - Inhaltsangabe und Gliederung des Monologs: Ändert sich die Stimmung der Figur? Kommt es zu Unterbrechungen, etwa durch Auf- oder Abtritte?
  - Analyse und Interpretation des Monologs: Dies kann textchronologisch oder nach Aspekten geordnet geschehen. Wird ein Entschluss gefasst? Kommt die Figur zu einer Erkenntnis?
  - Es können in der Aufgabenstellung auch textexterne Interpretationsansätze gefordert sein.
  - Welche sprachlichen Mittel werden wozu benutzt?
  - Welche Regieanweisungen sind für die Interpretation von Bedeutung?

- Schluss
  - Wurde die Deutungshypothese bestätigt oder muss sie umformuliert werden?
  - Welche Bedeutung hat der Monolog für das Drama?
  - Weitere (textexterne) Interpretationsansätze andeuten, z. B. Entstehungsgeschichte des Dramas, historischer Hintergrund.

Interpretation eines Dramenauszugs (Dialog, Szene)

- Einleitung
  - Autor, Grundform (Komödie, Tragödie), Titel, Entstehungszeit, Jahr der Erstaufführung, eventuell Einordnung in eine Epoche
  - Was ist das Thema des Dialogs/der Szene? Welche Figuren treten auf bzw. führen einen Dialog?
  - Deutungshypothese

- Hauptteil
  - Der Inhalt des Dialogs/der Szene soll in den Entwicklungsstand der Dramenhandlung eingeordnet werden, soweit dies für das Verständnis wichtig ist. (Es wird keine vollständige Inhaltsangabe des Dramas erwartet!)
  - Inhaltsangabe und Gliederung des Dialogs/der Szene: Gibt es einen Höhe- oder Wendepunkt?
  - Dialog: Untersuchung der Gesprächspartner: In welcher Beziehung stehen sie zueinander? Entwicklung des Dialogs: Werden am Ende des Dialogs die Ziele erreicht?
  - Szene: Untersuchung von Monologen bzw. Dialogen. Inwiefern entwickeln sich die innere und/oder die äußere Handlung weiter?
  - Es können in der Aufgabenstellung auch textexterne Interpretationsansätze gefordert sein.
  - Welche sprachlichen Mittel werden wozu benutzt?
  - Welche Regieanweisungen sind von Bedeutung?

- Schluss
  - Wurde die Deutungshypothese bestätigt oder muss sie umformuliert werden?
  - Welche Bedeutung hat der Dialog/die Szene für das Drama?
  - Weitere (textexterne) Interpretationsansätze andeuten z. B. Biografie des Autors, Entstehungsgeschichte des Dramas.

Gedichtinterpretation (Vorarbeiten)

- Ein Gedicht ist „verdichtete“ Sprache. Es ist also wichtig, sehr detailliert zu arbeiten.
- Mögliche Beobachtungen zum Inhalt
  - Beziehung von Titel und Inhalt
  - Thema des Gedichts: Liebesgedicht, Stadtgedicht, politisches Gedicht, Naturgedicht…
  - Wer spricht? Rollengedicht, Erlebnislyrik? Was erfährt man über das lyrische Ich? Wird ein Du angesprochen?
- Formale Gestaltungsmerkmale
  - Ist das Gedicht in einer traditionellen Gedichtform verfasst (z. B. Sonett, Lied, Epigramm)?
  - Finden sich Strophen (mit durchgehenden Merkmalen) oder Abschnitte? Ist eine bekannte Strophenform auszumachen?
  - Sind Reime vorhanden und gehören sie gängigen Reimschemata an?
  - Findet sich ein Rahmen (z. B. gleiche oder ähnliche Formulierungen am Anfang oder Ende)?
- Mögliche Beobachtungen zur Sprache
  - Welche rhetorischen Mittel werden mit welcher Wirkung verwendet?
  - Stammt das Wortfeld aus einem bestimmten thematischen Bereich (Tod, Seefahrt, Reise, Natur…)?
  - Trägt die Bildlichkeit (Metaphern, Vergleiche, Chiffren, Personifikation, Symbole) schon eine Deutung in sich?
  - Ist die Syntax auffallend? Parataktisch oder hypotaktisch? Gibt es besonders viele Ellipsen, Ausrufe, Fragen?

Gedichtinterpretation (Ausarbeitung)

- Einleitung
  - Titel, Autor, Erscheinungs-/ Veröffentlichungsjahr, Thema des Gedichts, eventuell Einordnung in die Epoche
  - Deutungshypothese
- Hauptteil
  - Knappe Inhaltsangabe: Was wird dargestellt (äußeres Ereignis, Stimmung einer Tageszeit, Empfindungen des lyrischen Ichs…)?
  - Analyse und Interpretation des Gedichts: Strophe für Strophe oder gegliedert nach Aspekten (z. B. Ausgangssituation, Sprechsituation des lyrischen Ichs…)
  - Es können in der Aufgabenstellung auch textexterne Interpretationsansätze gefordert sein.
  - Alle Behauptungen müssen durch Zitate belegt werden.
  - Beobachtungen ohne Funktion für die Deutung (z. B. als Beleg oder weiteres Beispiel) nicht darstellen. Sonst wird der Aufsatz eine Aufzählung von Einzelbeobachtungen.
  - Den roten Faden der Deutungshypothese nie aus den Augen verlieren.
  - Klare Gliederung durch Absätze und Überleitungen
- Schluss
  - Wurde die Deutungshypothese bestätigt oder muss sie umformuliert werden?
  - Weitere (textexterne) Interpretationsansätze andeuten (z. B. Entstehungsgeschichte des Gedichts, Funktion des Gedichts im Gesamtwerk des Autors).

Gedichtvergleich

- Ein Gedichtvergleich ist nicht nur die Verknüpfung zweier Einzelinterpretationen. Er wird erst sinnvoll, wenn ein oder mehrere Vergleichsaspekte gefunden werden können.

- Oft ist der Vergleichsaspekt in der Aufgabenstellung bereits vorgegeben. Wenn man ihn selbst suchen muss, empfehlen sich z. B. folgende Fragestellungen:
  - Gemeinsames oder konträres Thema? Liebeslyrik, Naturlyrik, Großstadtlyrik…
  - Gemeinsame oder konträre Motive? Verbotene Liebe, Liebesschmerz, neue Liebe…
  - Sind die Gedichte aus einer Epoche? Sind sie typisch für ihre Epoche?

- Es gibt mehrere Möglichkeiten, einen Gedichtvergleich aufzubauen:

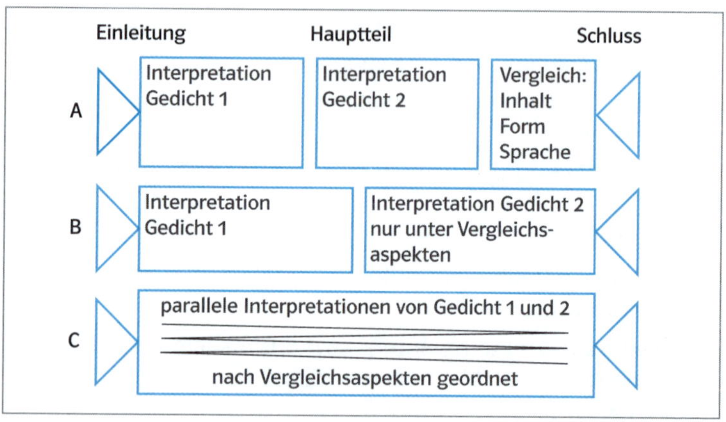

Gestaltendes Interpretieren

- Beim gestaltenden Interpretieren wird ein Text verfasst, der den literarischen Ausgangstext an sogenannten „Leerstellen" ergänzt. Der neu entstandene Text interpretiert auf diese Weise den Ausgangstext oder charakterisiert eine Figur.
  - Vorsicht: Das gestaltende Interpretieren ist kein kreatives Schreiben!
  - Der Ausgangstext ist beim kreativen Schreiben nur Anlass.
  - Beim kreativen Schreiben stehen die Person des Schreibenden und ihre Biografie, ihre Empfindungen, ihre Auseinandersetzung mit der eigenen Identität im Mittelpunkt.

- Was beim gestaltenden Interpretieren zu beachten ist:
  - Der Ausgangstext muss inhaltlich verstanden, formal analysiert und in Ansätzen interpretiert werden.
  - Man muss eine klare Vorstellung darüber haben, welche formalen Merkmale der in der Aufgabenstellung geforderte Text hat, z. B. ein Brief, ein Monolog oder ein Dialog.

- Worauf bei der Bewertung dieser Aufsatzform geachtet wird:
  - Ist die Vorlage richtig verstanden und gedeutet worden?
  - Ist ein Konzept erkennbar? Sind Inhalt und Aufbau durchdacht?
  - Sind die Anforderungen der zu schreibenden Textsorte erfüllt?
  - Bietet der Text eigene Interpretationsansätze wie z. B. die Charakterisierung einer Figur?
  - Finden sich überraschende Gedanken oder originelle Bilder?
  - Passt die sprachliche Gestaltung der Interpretation zu Sprache und Stil des Ausgangstextes?

Gestaltendes Interpretieren (Dialog, innerer Monolog)

- Gestaltendes Interpretieren in Form eines Dialogs
  - In den wechselnden Redebeiträgen sollen die Gesprächspartner aufeinander eingehen und nicht nur ihre eigenen Gedanken oder Gefühle mitteilen. So wird das Gespräch lebendiger, und ein roter Faden wird erkennbar.
  - Das Gespräch soll strukturiert sein, also z. B. einen Höhepunkt haben oder zu einem Ergebnis führen.
  - Regieanweisungen strukturieren den Text, charakterisieren Figuren und unterstreichen die Aussagen.
  - Die Sprache soll der gesprochenen Sprache entsprechen, also lebendig sein und einen relativ einfachen Satzbau haben.

- Gestaltendes Interpretieren in Form eines inneren Monologs
  - In einem inneren Monolog werden gegenwärtige Wahrnehmungen, Reflexionen und Gefühle einer Figur in Ich-Form und im Präsens wiedergegeben.
  - Ein innerer Monolog ist oft mit innerer Erregung verbunden, weil eine Entscheidung gefällt werden muss oder ein aktuelles Ereignis der Anlass ist. Deshalb kann es sein, dass die Gedanken abschweifen oder sich im Kreis drehen. Im Monolog kann die Figur z. B. auch von einem Gedanken zu einer momentanen Wahrnehmung springen.
  - Diese Erregung wirkt sich auch auf die Sprache aus. So können die Sätze unvollständig sein oder die Figur kann sich selbst rhetorische Fragen stellen. Auslassungspunkte oder Gedankenstriche können Sprachlosigkeit oder Verwirrung darstellen.
  - Der innere Monolog soll dennoch eine für den Leser nachvollziehbare Richtung haben und einen Erkenntnisgewinn über den Charakter der Figur enthalten.

Gestaltendes Interpretieren (Brief, Tagebucheintrag)

- Gestaltendes Interpretieren in Form eines Briefs
  - Formale Vorgaben: Briefkopf (Datum und Ort), Anrede- und Schlussformel
  - Die Beziehung von Schreiber und Empfänger muss beachtet werden: Was weiß der Empfänger bereits und was muss ihm erst mitgeteilt werden? Wird der Schreiber all seine Gedanken und Gefühle preisgeben oder gibt es Vorbehalte gegenüber dem Empfänger? Gibt es gemeinsame Erinnerungen, auf die hingewiesen werden kann?
  - Wenn die Beziehung zwischen Schreiber und Empfänger gut ist, können die Gründe für ein Handeln und Gefühle subjektiv geschildert werden.
  - Die Kommunikationssituation des Briefs muss erkennbar sein: Der Empfänger soll angesprochen und in die Ausführungen einbezogen werden.

- Gestaltendes Interpretieren in Form eines Tagebucheintrags
  - Der Tagebuchschreiber setzt sich mit einem Erlebnis oder einer Thematik auseinander, die ihn besonders beschäftigt. Manchmal möchte er auch einen inneren Konflikt lösen.
  - In einem Tagebucheintrag kann der Schreibende seine Gefühle, ganz persönliche Gedanken und Erfahrungen ganz offen festhalten, denn kein anderer wird das Tagebuch lesen.
  - Im Gegensatz zum inneren Monolog ist der Tagebucheintrag strukturierter und auf das Wesentliche beschränkt, da sich der Schreibende in einem Reflexionsprozess befindet und durch das Schreiben seine Gedanken ordnet.

Essay

- Prosatext, in dem auf ansprechende Weise und stilistisch auf hohem Niveau Themen aus vielerlei Bereichen behandelt werden.

- Ein Thema wird subjektiv, unterhaltsam und abwechslungsreich dargestellt. Keine wissenschaftliche Erörterung, sondern interessante Denkanstöße zu einem Thema, dem der Leser sonst keine Aufmerksamkeit geschenkt hätte.

- Typischer Aufbau eines Essays
  - Einleitung: originelle und/oder provokative Einführung
  - Hauptteil: Die Gedankenführung kann von einem Aspekt zu einem anderen springen, der „rote Faden" muss aber dennoch erkennbar sein. Stilmittel unterstreichen die Aussageabsicht.
  - Schluss: Er soll auf keinen Fall den Eindruck erwecken, dass das Thema abschließend behandelt wurde, denn der Essayist ist sich immer bewusst, dass er keine endgültigen Wahrheiten anbieten kann. Ein interessanter Schlusssatz soll den Leser dazu animieren, sich weiterhin mit der Fragestellung zu beschäftigen.

- Funktionen der Sprache im Essay
  - Beschreiben und Berichten: Ein Aspekt des Themas wird möglichst genau dargestellt. Der Essayist ist sich dabei aber der Vorläufigkeit seiner Aussagen bewusst.
  - Erzählen: Geschehnisse werden ganz persönlich dargestellt. So wird Anschaulichkeit hergestellt.
  - Erörtern: Unterschiedliche Standpunkte werden dargelegt, eventuell mit Hintergrundinformationen. Auch die eigene Meinung kann dabei deutlich werden.
  - Appellieren: Der Leser soll einen neuen Blickwinkel auf das Thema einnehmen.

Erörterung

- Schriftliche Auseinandersetzung mit einem Problem, das auf unterschiedliche Weise betrachtet werden kann.

- Ziel der Erörterung: Problem soll klar definiert und differenziert untersucht sein.

- Die wichtigsten Formen der Erörterung
  - Freie (textunabhängige) Erörterung
  - Textgebundene Erörterung
  - Literarische Erörterung

- Typische Schwierigkeiten und Fehler bei der Erörterung
  - Die Erörterung behandelt nicht das vorgegebene Thema, z. B. weil die Aufgabenstellung nicht genau genug gelesen wurde.
  - Argumentation ist nicht sinnvoll aufgebaut, folgt nicht dem Muster der dialektischen oder linearen Erörterung.
  - Es fehlen Überleitungen zwischen Einleitung, Hauptteil und Schluss.
  - These, Begründung und Beispiele sind sprachlich nicht aufeinander bezogen, denn es fehlen Konjunktionen oder Adverbien.
  - Argumente, die bereits ähnlich ausgeführt wurden, werden wiederholt.

Argumentieren

- Eine überzeugende Argumentation kann deduktiv (vom Allgemeinen zum Besonderen) oder induktiv (vom Besonderen zum Allgemeinen) aufgebaut sein.
  - Deduktiv: These → Begründung → Beispiel/Beleg/Zitat → Wiederaufgreifen der These/Schlussfolgerung
  - Induktiv: Beispiel/Beleg/Zitat → Begründung →These

- Thesen sind als Aussagen formuliert und können verschiedene Formen haben.
  - Behauptung: *Die Nahrungsmittel auf der Erde reichen für alle.*
  - Empfehlung: *Die Menschheit muss sich mehr um eine faire Verteilung der Nahrungsmittel kümmern.*
  - Beurteilung: *Es ist schlecht, potentielle Nahrungsmittel zu Treibstoff zu verarbeiten.*

- Thesen stützt man durch Begründungen (Argumente).

- Durch Beispiele, Belege oder Zitate werden die Argumente veranschaulicht und untermauert.
  - Beispiele veranschaulichen Argumente: *Island ist ein außergewöhnliches Urlaubsland. Dort kann man z. B. eindrucksvolle Geysire beobachten.*
  - Belege sichern Argumente ab: *Das Verbot der Folter ist auch in der Menschenrechtserklärung der UNO nachzulesen.*
  - Zitate untermauern Argumente: *„Also lasst uns einen weltweiten Kampf wagen, gegen Analphabetismus, Armut und Terrorismus, lasst uns unsere Bücher und Stifte holen, sie sind unsere stärksten Waffen." (Malala Yousafzai, Friedensnobelpreisträgerin 2014)*

- Um die deduktive Argumentation abzurunden, muss man durch eine Schlussfolgerung den Bezug zur These wieder herstellen.

Argumenttypen

- Berufung auf Fakten: Eine belegbare Tatsache, z. B. eine Statistik oder ein Forschungsergebnis, ist Grundlage des Arguments. Vorteil: wirkt glaubwürdig, weil überprüfbar.

- Berufung auf allgemein anerkannte Normen, Wertvorstellungen oder Gesetze: Der Leser kennt die angesprochenen Normen und Wertvorstellungen aus eigener Erfahrung und akzeptiert sie im besten Falle als richtig. Immer weniger Normen sind aber gänzlich unumstritten.

- Berufung auf eine Autorität: Ein Experte oder eine anerkannte Persönlichkeit ist ebenfalls der eigenen Meinung. An diesem Argument ist problematisch, dass meist auch Autoritäten für die Gegenposition gefunden werden können.

- Berufung auf eine Analogie: Das Argument wird durch einen Vergleich mit einem ähnlichen Fall gestützt.

- Berufung auf Plausibilität oder Logik: Die Aussage wird dadurch begründet, dass sie plausibel, also besonders nachvollziehbar scheint.

- Berufung auf Erfahrung: Das Argument muss sich auf eine gemeinsame Erfahrung von Autor und Leser beziehen, um überzeugen zu können.

Einleitung

- Die Einleitung erfüllt bei allen Erörterungstypen die gleiche Funktion und ist deshalb auch immer ähnlich aufgebaut.

- Autor, Titel, Thema, Erscheinungsort und -jahr der Textvorlage

- Einleitung soll den Leser zur Problematik hinführen. Es gibt verschiedene Möglichkeiten:
  - Vorläufige Definition eines zentralen Begriffs
  - Erschließen des Themas mit relevanten Fragen
  - Anbindung des Themas an ein aktuelles Ereignis
  - Strittiges Zitat (aus der Textvorlage) als Impuls

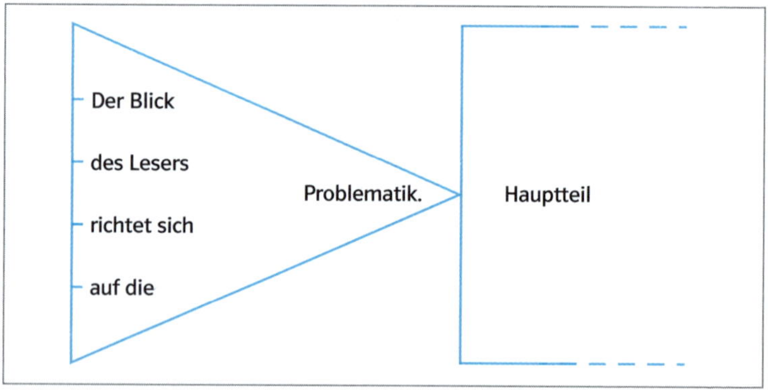

- Weiterhin ist zu beachten:
  - Beschränkung auf nur einen Gedanken
  - Formulierung des Themas bzw. der Textintention
  - Keine wesentlichen Aspekte des Hauptteils
  - Gegebenenfalls eine Erläuterung der geplanten Vorgehensweise

Schluss

- Der Schluss erfüllt bei allen Erörterungstypen die gleiche Funktion und ist deshalb auch immer ähnlich aufgebaut.
- Er soll das Ergebnis der Erörterung zusammenfassen und sie damit abrunden. Gleichzeitig weitet er aber den Blick des Lesers auch wieder, indem die eigenen Ergebnisse in einen größeren Zusammenhang gestellt werden.

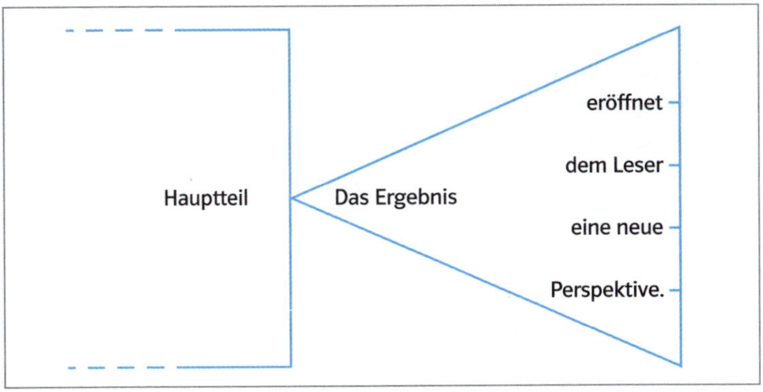

- Angemessen abgerundet wirkt die Erörterung, wenn im Schluss die Einleitung wieder aufgenommen und weitergeführt wird.
- Beschränkung auf nur einen Gedankengang
- Keine neuen Argumente
- Ideen für einen abrundenden Schluss:
  - Mögliche Entwicklungen in der Zukunft
  - Probleme, die sich inhaltlich anschließen
  - Appell an das Verhalten der Leser

Freie lineare Erörterung

- Die Aufgabenstellung ist eine offene Frage, z. B.:
  - Erläutern Sie die Gründe für…
  - Begründen Sie, warum…
  - Erklären Sie, welche Probleme/Möglichkeiten es für… gibt.
  - Untersuchen Sie, warum…
  - Stellen Sie dar, wie…

- Vorgehen bei einer linearen Erörterung
  - Aufgabenstellung: Handelt es sich um eine lineare oder doch um eine dialektische Erörterung?
  - Stoffsammlung: Erste Gedanken werden in Form einer Stichwortliste oder eines Clusters festgehalten.
  - Stoffordnung: Mindmap oder Stichwortliste. Vorteil einer Mindmap: Die Ideen können übersichtlich geordnet werden. Außerdem lassen sich neue Gedanken leicht hinzufügen.
  - Gliederung, Niederschrift und Korrektur

- Typischer Aufbau einer linearen Erörterung
  - Einleitung
  - Hauptteil

    Steigernde Aneinanderreihung der Argumente. Schwächstes Argument zu Beginn, stärkstes am Ende, damit der Leser dies am längsten in Erinnerung behält.
  - Schluss

Freie dialektische Erörterung

- Die Aufgabenstellung ist eine Entscheidungsfrage, z. B.:
  - Erörtern Sie, ob es sinnvoll ist…
  - Stellen Sie Vorteile und Nachteile zu… dar.
  - Nehmen Sie kritisch Stellung zu…
  - Klären Sie, ob…

- Vorgehen bei einer dialektischen Erörterung
  - Aufgabenstellung: Handelt es sich um eine dialektische oder doch um eine lineare Erörterung?
  - Stoffsammlung: Erste Gedanken werden in Form einer Stichwortliste oder eines Clusters festgehalten.
  - Stoffordnung: Mindmap oder Stichwortliste. Vorteil einer Stichwortliste mit zwei Spalten ist, dass die Grundstruktur der dialektischen Erörterung schon vorgegeben ist und man eventuelle Lücken in der Argumentation schnell ausmachen kann.
  - Gliederung, Niederschrift und Korrektur

- Typischer Aufbau einer dialektischen Erörterung:
  - Einleitung
  - Hauptteil

    Möglichkeit I: Die Argumente für und wider werden als Einheit vorgestellt. Stärkstes Argument der Gegenseite zuerst, stärksten Argument der eigenen Position zuletzt. Das letzte Argument bleibt dem Leser am längsten in Erinnerung. Vorteil: Aufbau ist leicht zu überschauen. Nachteil: Kann auf den Leser aber auch eintönig wirken.

    Möglichkeit II: Die Argumente für und wider werden abwechselnd vorgestellt. Stärkstes Argument für die eigene Position zuletzt. Vorteil: Aufbau wirkt lebendig. Nachteil: anspruchsvoll, weil die Gedanken aneinander anschließen müssen.
  - Schluss

Textgebundene Erörterung (Aufbau)

- Die textgebundene Erörterung besteht aus der Analyse eines Textes (meist eines Sach- oder Redetextes) und einer Erörterung.

- Man kann sich zur Meinung des Autors unterschiedlich positionieren.
  - Man stimmt den Thesen und Argumenten des Autors überhaupt nicht zu. Mit Gegenargumenten muss man dann versuchen, die Argumente des Autors zu entkräften. Die eigene Position muss entweder schon in der Einleitung, auf jeden Fall aber im Schluss klar und präzise formuliert werden.
  - Man stimmt den Thesen und Argumenten des Autors voll und ganz zu. In der eigenen Erörterung stützt man die Thesen des Autors mit weiteren Argumenten und passenden Beispielen. Man kann auch mögliche Gegenargumente formulieren und widerlegen.
  - Man stimmt dem Autor in manchen Teilbereichen seiner Argumentation zu, ist bei einigen Aspekten aber auch anderer Meinung.
    Dies ist die häufigste Haltung in der textgebundenen Erörterung. Die eigene Position muss entweder schon in der Einleitung, auf jeden Fall aber im Schluss klar und präzise formuliert werden. Der Aufbau entspricht den Möglichkeiten, die man auch bei einer dialektischen Erörterung hat.

Textgebundenen Erörterung (Ausarbeitung)

- Einleitung

- Textanalyse
  - Die Problemstellung des Ursprungstextes und die Hauptthesen des Autors werden in ihrem logischen Zusammenhang wiedergegeben.
  - Klärung der Argumentationsstruktur: Welche Argumenttypen? Welche Belege oder Beispiele? Werden Gegenargumente angeführt und widerlegt?
  - Sprachanalyse: Wie versucht der Autor sprachlich, den Leser für seine Argumentation zu gewinnen?
  - Wichtig ist, dass eine distanzierte Haltung eingenommen wird und die Aussagen des Autors z. B. durch den Konjunktiv als solche kenntlich gemacht werden.
  - Kann der Autor seine Thesen überzeugend darstellen?

- Erörterung
  - Je nach Argumentationshaltung und Aufgabenstellung ergeben sich Zielsetzung und Aufbau der Erörterung.
  - Die im Text vertretene Position, die Argumentation und deren Voraussetzungen – wie z. B. das Menschenbild des Autors – können auf ihre Stichhaltigkeit überprüft werden.
  - Die eigene Position muss sprachlich deutlich von der des Autors getrennt werden.
  - Wichtig ist, dass die eigene Erörterung sich an den Kerngedanken des Textes orientiert und nicht vom Thema abschweift.
  - Ziel ist ein eigenständiges Urteil, das sich nachvollziehbar an die eigene Argumentation anschließt.

- Schluss

Literarische Erörterung

- In der literarischen Erörterung setzt sich der Schreibende mit Fragen zu einem thematischen oder inhaltlichen Aspekt eines Werks oder einer literarischen Figur auseinander.
- Die Themenstellung kann auf einer Textvorlage (einem bestimmten literarischen Werk oder dem Zitat eines Autors) basieren.
- Eine exakte Textanalyse wird üblicherweise nicht gefordert.
- Voraussetzungen für die Anfertigung einer literarischen Erörterung
  - Verständnis von Inhalt, Figurengestaltung und -konstellation, Hauptmotiven, Symbolik, sprachlicher Gestaltung, formaler Struktur,
  - Kenntnis zum Epochenhintergrund, zum Autor und seinem Werk,
  - regelmäßige eigenständige Lektüre, um über ausreichend Leseerfahrung und literarische Beispiele zu verfügen.
- Typischer Aufbau einer literarischen Erörterung
  - Einleitung: Hinführung zur Thematik
  - Hauptteil: Lineare oder (seltener) dialektische Erörterung, Argumentation meist auf der Basis der eigenen Leseerfahrung und literarischer Beispiele
  - Schluss: Da die Erörterung auf einem literarischen Thema basiert, ist auch ein Hinweis auf andere Werke des Autors bzw. der Epoche oder ein Ausblick auf die Weiterführung der Thematik in anderen Werken möglich.